De Seve . 1756 .

Ordre
Pour L'Impression du IXe volume
Des Oeuvres Complettes.
Pages
Le cochon d'
(VIII volume de la grande Édition,
Le hérisson
La Musaraigne
La Musaraigne d'eau,
La Taupe
2° Addit. Suppl.
Les Chauve-Sou
Descript
vol. X - pag. 82
vol. III. pag. 62
8
2

~~Discours sur la Nature~~

les ~~des~~ Oiseaux d'Eau.

Tous les animaux
~~Le Genre des~~ Quadrupèdes, à l'exception de ~~d'un petit nombre~~
quelques amphibies, ~~n'ont qu'e la terre pour habitation~~
~~d'amphibies exceptés, lieu de séjour que la terre~~
n'habitent que sur la terre, ils la parcourent sans pouvoir s'en séparer
sans qu'il leur soit possible de s'élever dans les airs ni de se fixer sur l'eau; les
~~ferme : Le Genre volatile, bien plus étendu, avec~~
oiseaux indépendemment de l'empire qu'ils ont dans l'élément de l'air, ont
comme les quadrupèdes le domaine de la terre et y séjournent encore le
~~terre et l'air, embrasse aussi le domaine des~~

...t. De grandes, de nombreuses espèces habitent et fréquentent les mers
~~la partie~~ Les habitent y vivent ~~vit~~, y nagent,
voguent comme sur leur ~~son~~ élément naturel ; partout une
...dante nature une capture facile leur offre une ~~peut~~ ~~[illegible]~~
Pour le saisir les
...ent ; d'autres par un vol rapide
~~il~~ ... ~~surface~~. tous
et me... quantité de la proie ; tous
Sociétés, et sans rien
... semblent se jouer ~~jouent~~ avec
... ~~issent~~ sur

Perroquets du nouveau Continent
189
Perroquets
Les Aras

SOMMAIRE

BUFFON

LA NATURE EN MAJESTÉ

Yves Laissus

DÉCOUVERTES GALLIMARD
SCIENCES ET TECHNIQUES

« Le corps d'un athlète et l'âme d'un sage, c'est ainsi que le définissait Voltaire [...]. Buffon pourtant ne devint ce philosophe et ce sage que par degrés. [...] La géométrie l'avait fort occupé dès le collège, et, au zèle dont il s'y appliquait, elle semblait presque sa vocation ; ou plutôt, dans sa curiosité élevée et étendue, il menait, dès sa jeunesse, toutes les connaissances de front. »

Sainte-Beuve,
Causeries du lundi, tome IV, 1852

CHAPITRE 1

DES MATHÉMATIQUES À L'HISTOIRE NATURELLE

D'abord passionné par les mathématiques (ci-contre une figure géométrique extraite de sa correspondance), Georges Louis Leclerc (le futur Buffon) va peu à peu se tourner vers l'histoire naturelle, qui fera sa renommée. À gauche, l'unique portrait officiel de Buffon, par François Hubert Drouais. Le naturaliste a cinquante-quatre ans ; il est au faîte de sa gloire.

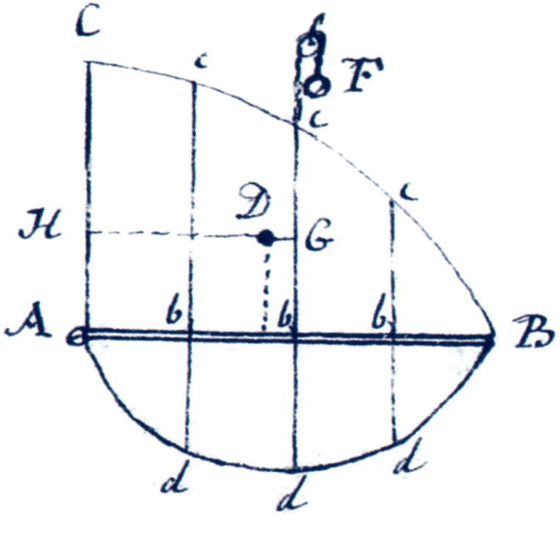

Une vocation incertaine

Georges Louis Leclerc naît à Montbard, en Bourgogne, le 7 septembre 1707, alors que la France de Louis XIV continue de livrer à quelques-uns de ses voisins d'Europe l'interminable guerre de Succession d'Espagne. Il est l'aîné d'une famille qui comptera cinq enfants. Sa mère, Anne Christine Marlin, a vingt-six ans. Son père, Benjamin François Leclerc, de deux ans plus jeune, est président du grenier à sel de Montbard (chargé de percevoir la gabelle); il appartient à une famille de moyenne bourgeoisie aisée qui compte quelques médecins et magistrats municipaux.

En 1717, Georges Louis – il a dix ans – hérite une fortune assez considérable d'un oncle de sa mère. Benjamin François, en père avisé, se sert de cet argent pour acquérir la terre de Buffon, un village voisin, et les droits seigneuriaux de la châtellenie

de Montbard. Puis, en 1720, il achète une charge de conseiller au parlement de Bourgogne. Grâce à cette « savonnette à vilain », la famille Leclerc entre dans la noblesse de robe, un corps social riche, considéré, souvent cultivé et influent. Benjamin François s'installe alors à Dijon, dans un bel hôtel particulier, l'hôtel Quentin, digne de sa nouvelle fonction et inscrit son fils au collège des Godrans, tenu par les Jésuites, où l'on fait, gratuitement, de bonnes études.

Conseiller au parlement de Bourgogne, Benjamin François Leclerc (1683-1775, ci-dessous) souhaitait sans doute que son fils lui succédât dans sa charge. À Dijon, plus que dans toute autre ville de France, l'aristocratie parlementaire jouit d'un grand prestige politique et intellectuel. Elle forme un corps social homogène, uni par des intérêts communs, renforcé par les relations d'affaires et les alliances matrimoniales. Les membres de cette caste influente résident pour la plupart à proximité

du parlement (ci-contre). Georges Louis fréquente ainsi les jeunes hommes de son rang, Richard de Ruffey, Charles De Brosses, Malteste de Bellay, Loppin de Gemeaux, tous fils de magistrats et appelés à succéder à leurs pères. Des liens d'amitié qui perdureront et aideront plus tard Buffon dans ses entreprises.

Montbard au XVIIIe siècle, d'après une peinture anonyme. On aperçoit à droite, sur la butte qui domine la ville, les ruines du château des ducs de Bourgogne avec la plus haute tour, dite de l'Aubespin, qui existe encore aujourd'hui. Au pied de la colline, dans la ville, se trouve la maison natale de Buffon.

Le jeune Georges Louis se révèle un élève assez moyen, apparemment plus doué pour les exercices physiques que pour les spéculations intellectuelles, tour à tour dissipé ou méditatif, intéressé surtout par les mathématiques. Il fait la connaissance du futur abbé Le Blanc et se lie avec Charles De Brosses. Au sortir du collège, à seize ans, il s'inscrit, peut-être sans enthousiasme, à la faculté de droit de Dijon et termine, trois ans plus tard, en 1726, sa licence. À la faculté, il a retrouvé Charles De Brosses et rencontré Richard de Ruffey. Les trois jeunes gens deviennent intimes et le resteront jusqu'à la mort.

De Brosses et Ruffey vont suivre l'honorable carrière de la magistrature. Ils seront un jour, l'un et l'autre, président du parlement de Bourgogne. Georges Louis Leclerc a d'autres idées ; au grand mécontentement de sa famille, il veut se consacrer aux sciences, une voie beaucoup moins prometteuse de réussite sociale que celle qu'ont choisie ses amis. Il entre en correspondance avec un jeune mathématicien genevois, Gabriel Cramer, et, en 1728, sans doute parce qu'il étouffe à Dijon, peut-être aussi pour retrouver un professeur de mathématiques, le père oratorien de Landreville, il part pour Angers.

Dans cette ville, où il reste deux années, il se plonge dans les mathématiques, lit Newton, herborise et suit quelques cours à la faculté de médecine. Cette existence détendue est brusquement interrompue par un duel (affaire de jeu ? affaire de femme ?) dans lequel Leclerc tue son adversaire, un officier du régiment Royal-Cravate (croate) ; il doit quitter la ville en grande hâte et se réfugier à Dijon, ou peut-être à Nantes, on ne sait trop.

C'est alors qu'il rencontre un jeune aristocrate anglais, le duc de Kingston, dix-neuf ans, lequel, pour achever son éducation, parcourt l'Europe continentale avec son précepteur allemand, Nataniel Hickman, amateur d'histoire naturelle et fumeur de pipe. À partir de novembre 1730 et jusqu'en juillet 1732, Leclerc suit le jeune Anglais et son mentor dans un long périple à travers la France méridionale par La Rochelle, Bordeaux, Toulouse, Béziers, Montpellier, puis remonte vers Lyon et Genève, où il rencontre Cramer. Les voyageurs passent ensuite en Italie du Nord et visitent Turin, Milan, Gênes, Florence, Rome. Le voyage n'a été interrompu, pour Georges Louis Leclerc, que par la mort de sa mère, en août 1731, un décès qui le fait riche. Durant sa longue errance, il ne s'est que médiocrement intéressé aux monuments, et

Gabriel Cramer (1704-1752) tient une place importante dans le développement des mathématiques au XVIIIe siècle. Son nom reste attaché aux progrès de la théorie des équations algébriques et à celle des courbes planes. À partir de 1727, Buffon entre en correspondance avec le jeune savant genevois (ci-dessus, un extrait de l'une de ses lettres).

pas même aux spectacles de la nature; il accorde plus d'attention à l'architecture des villes et surtout aux personnes rencontrées qui peuvent devenir d'utiles relations. Dans ses lettres à Ruffey, il parle de bonne chère et de distractions, mais dans celles qu'il continue d'échanger avec Cramer, il n'est question que de mécanique, de géométrie, de probabilités, de théorie des nombres, de calcul infinitésimal. Les problèmes proposés par Cramer et que Leclerc résout en général montrent en tout cas que celui-ci a acquis une solide formation mathématique. Il retient particulièrement l'un d'entre eux, devenu célèbre sous le nom de « paradoxe de Saint-Pétersbourg ». Il s'agit d'un jeu de hasard dont la solution, trouvée à l'aide du calcul des probabilités, se traduit par ce résultat paradoxal que celui qui gagne, à force d'augmenter sa mise, est ruiné. Les mathématiques, en dépit de leur rigueur satisfaisante pour l'esprit, peuvent donc s'avérer incapables de gérer le réel. C'est la raison, sans doute, pour laquelle Buffon, grand amateur de calculs mais esprit pragmatique et concret, s'en éloignera.

Au XVIIIe siècle, le voyage en Europe, notamment en Italie (ci-dessous), est considéré comme un élément important dans la formation d'un jeune homme noble ou d'un riche bourgeois. Le périple de Buffon, en compagnie du jeune duc de Kingston, n'a donc rien d'exceptionnel, quels que soient par ailleurs les motifs réels qui le lui font entreprendre : désir de s'éloigner du milieu familial ? incertitude sur la carrière à embrasser ?

L'Académie royale des sciences

En juillet 1732, Georges Louis, quoique maintenant propriétaire en Bourgogne, s'installe à Paris. Il n'a aucune envie de rester à Dijon, où son père, à sa grande fureur, est sur le point de se remarier. Le temps des errances géographiques et des hésitations sur la voie à suivre est révolu. Il entame un parcours qui va le mener, sans faute, à la réussite. Il commence de signer « Buffon ». Il a vingt-cinq ans.

La France du XVIIIe siècle ne possède que fort peu de grandes institutions scientifiques; les principales, fondées au fil du siècle précédent, sont parisiennes: le Jardin du Roi, l'Académie des sciences, l'Observatoire. L'Académie, en particulier, par la qualité de ses membres et l'importance de leurs travaux, s'est acquis dans toute l'Europe un très grand prestige. Elle est en France l'illustration et le moteur de la science; en faire partie est donc un gage de réussite intellectuelle. Buffon entreprend de s'y faire admettre. En un temps où l'Académie recrute, dans les rangs des « adjoints », de jeunes hommes dont on n'a exigé que des débuts prometteurs, l'ambition n'est pas exagérée; encore faut-il se montrer habile mais, sur ce terrain, Buffon n'a plus de leçons à recevoir. À Paris, il s'est logé au faubourg Saint-Germain, chez Gilles François Boulduc, premier apothicaire du roi, professeur de chimie au Jardin royal des Plantes et académicien: un homme qui sera utile. Et, comme toutes les relations à cultiver ne sont pas académiques, Buffon enrichit le cabinet d'histoire naturelle du duc de Bourbon, gouverneur de Bourgogne, de spécimens provenant des différentes carrières que l'on trouve sur ses terres de Montbard.

Au printemps de 1733, il présente à l'Académie un premier mémoire de mathématiques (c'est le terrain où il se sent le plus assuré). Il y expose deux nouveaux problèmes, dits « du franc carreau » et « de l'aiguille », dont la solution fait appel, pour le premier, au calcul des probabilités et, pour le second, au calcul intégral. Deux mathématiciens renommés, Maupertuis et Clairaut, en font un compte rendu élogieux dans la

{{Les vérités mathématiques ne sont que les répétitions exactes des définitions ou suppositions. [...] Les vérités physiques, au contraire, ne sont nullement arbitraires et ne dépendent point de nous [...] elles ne sont appuyées que sur des faits [...]. En Mathématique on suppose, en Physique on pose et on établit; là ce sont des définitions, ici ce sont des faits;

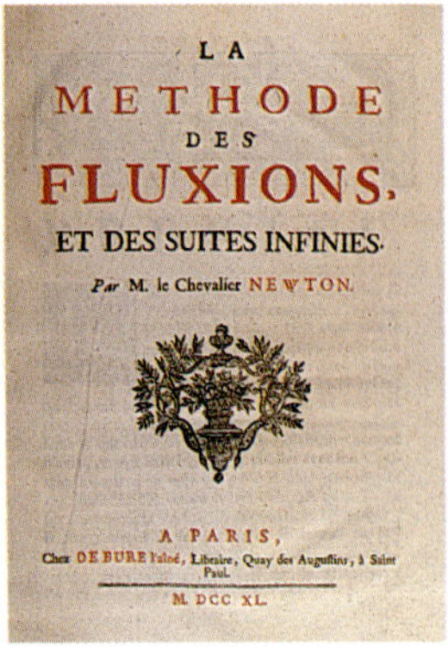

on va de définitions en définitions dans les Sciences abstraites, on marche d'observations en observations dans les Sciences réelles; dans les premières on arrive à l'évidence, dans les dernières à la certitude.||

Buffon, *Histoire naturelle*, t. I, 1749

[Ci-dessus, la traduction de la *Méthode des fluxions* de Newton, parue en 1739, marque l'adieu de Buffon aux mathématiques.]

séance du 25 avril 1733. Buffon est dès lors considéré comme un bon mathématicien, au moment même où son texte confirme qu'il prend de plus en plus conscience de l'écart existant entre le modèle mathématique et les réalités concrètes qui sont, elles, des vérités physiques. Ses recherches nouvelles, de plus en plus orientées vers l'étude de la nature, ne feront que le confirmer dans cette conviction.

À la fin de l'année 1733, soit dix-huit mois seulement après son arrivée à Paris, Buffon parvient à entrer à l'Académie des sciences. Le 12 décembre, l'Académie, pour remplir une place vacante d'associé astronome, présente à Louis XV deux candidats : Maraldi, déjà adjoint, et Buffon. Le roi choisit Maraldi mais, moins de deux semaines plus tard, une place

Cette composition imaginaire du graveur Sébastien Leclerc (1637-1714) restitue l'ambiance, au temps de Buffon, des réunions de l'Académie des sciences, fondée par Colbert en 1666. Depuis 1716, l'Académie compte 68 membres, répartis en 6 sections : géométrie, astronomie, mécanique, anatomie, chimie et botanique. Les mathématiciens, et notamment les géomètres, y ont une position dominante.

d'adjoint se libère dans la section de mécanique. Le 23 décembre, l'Académie propose « MM. Leclerc et Meynier » ; le 9 janvier 1734, le roi fait savoir qu'il a choisi Leclerc, c'est-à-dire Buffon. Cette rapide élection, même si elle n'est pas, alors, exceptionnelle, Buffon la doit pour une part aux appuis qu'il a su se ménager et, parmi ceux-ci, à la protection du comte de Maurepas, secrétaire d'État à la Maison du roi et, comme tel, ministre de tutelle de l'Académie et du Jardin royal des Plantes.

Débuts prometteurs

En 1723, Maurepas a ajouté à ses attributions le département de la Marine et, pour encourager les constructions navales, a demandé en 1731 à l'Académie une étude sur les bois utilisables. Faute de moyens, les commissaires nommés par l'Académie se sont récusés. Mais Buffon est là. Propriétaire de forêts, créateur d'une pépinière à Montbard, il étudie les meilleures méthodes pour semer ou planter les arbres, choisir les sols qui conviennent, protéger les plants des gelées. Ce faisant, il se conduit en exploitant,

Au XVIIIe siècle, la construction navale est en plein essor. Ses besoins en bois sont immenses – la construction d'un grand vaisseau de haut bord (ci-dessous) nécessite l'abattage de trois mille chênes centenaires – alors même que les forêts sont déjà surexploitées. L'amélioration de la production forestière et de son utilisation manufacturière est plus que jamais à l'ordre du jour. Buffon rédige une série de mémoires sur les propriétés de résistance des bois et leurs possibles améliorations. Il présente les résultats de ses expériences dans des tableaux comparatifs (ci-dessous, à gauche).

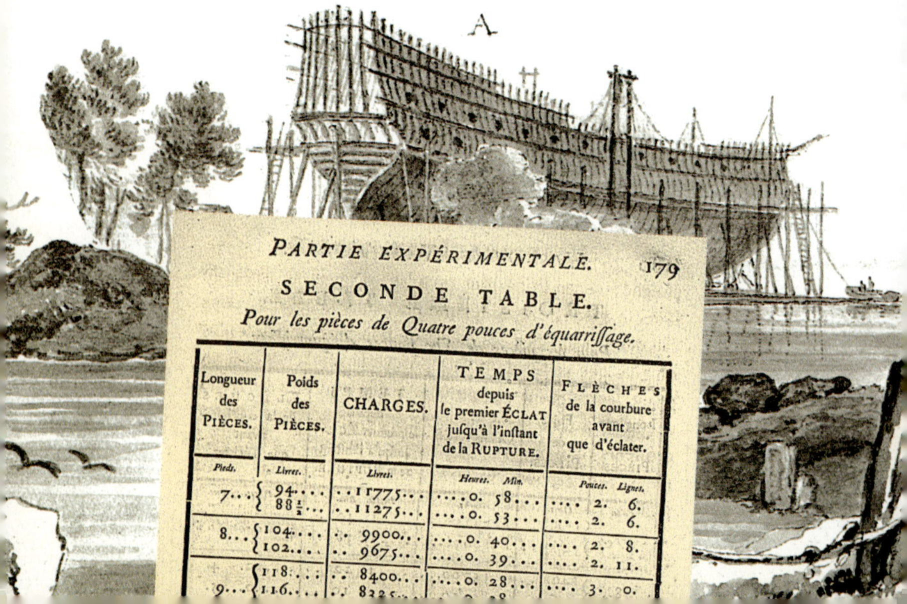

PARTIE EXPÉRIMENTALE. 179

SECONDE TABLE.

Pour les pièces de Quatre pouces d'équarrissage.

Longueur des PIÈCES.	Poids des PIÈCES.	CHARGES.	TEMPS depuis le premier ÉCLAT jusqu'à l'instant de la RUPTURE.	FLÈCHES de la courbure avant que d'éclater.
Pieds.	*Livres.*	*Livres.*	*Heures. Min.*	*Pouces. Lignes.*
7...	94....	..11775...	....0. 58...	.... 2. 6.
	88 ½...	..11275...	....0. 53...	.... 2. 6.
8...	104....	.. 9900...	....0. 40...	.... 2. 8.
	102....	.. 9675...	....0. 39...	.... 2. 11.
9...	118....	.. 8400...	....0. 28...	.... 3. 0.
	116....	.. 8325...	[illegible]	

on dirait aujourd'hui en sylviculteur, plus qu'en botaniste. En travaillant avec des bûcherons, il vérifie la valeur des recettes traditionnelles; il connaît la littérature qui traite des forêts mais c'est d'abord l'observation et l'expérimentation qui le guident. Concernant la force du bois et sa résistance à la rupture, il multiplie à partir de 1733 les expériences (il se vantera d'en avoir fait plus de cent), par exemple sur l'écorçage des arbres sur pied pour en augmenter la solidité. Il compose des tableaux comparatifs, établit des proportions entre poids et résistance, entre force et longueur des poutres, mais il se refuse, en raison de la complexité des résultats obtenus, à toute extrapolation mathématique. Ces travaux ne sont pas entièrement désintéressés : le bois, matériau universel, est source de revenus et les recherches entreprises attirent l'attention bienveillante du ministre.

Jean Frédéric Phélypeaux, comte de Maurepas (1701-1781), ministre de Louis XV, est, jusqu'à sa disgrâce en 1749, un protecteur fidèle de Buffon.

Ses expériences de sylviculture lui fournissent, à partir de 1737, la matière de plusieurs communications successives à l'Académie royale des sciences. L'un des membres éminents de celle-ci, l'agronome Duhamel du Monceau, a déjà travaillé, sans doute avec plus de science, sur le même sujet. Les deux hommes collaborent dans un premier temps, présentent même ensemble, en 1737, deux communications à l'Académie, mais, trop différents l'un de l'autre, ne tardent pas à se brouiller.

Dans la *Statique des végétaux*, le physicien et naturaliste anglais Stephen Hales (1677-1761) décrit plus de cent quarante expériences (ci-dessous et en haut à droite) destinées à montrer l'action de la chaleur solaire sur la montée de la sève.

EXPERIENCES SUR LA FORCE DU BOIS.

Par M. DE BUFFON.

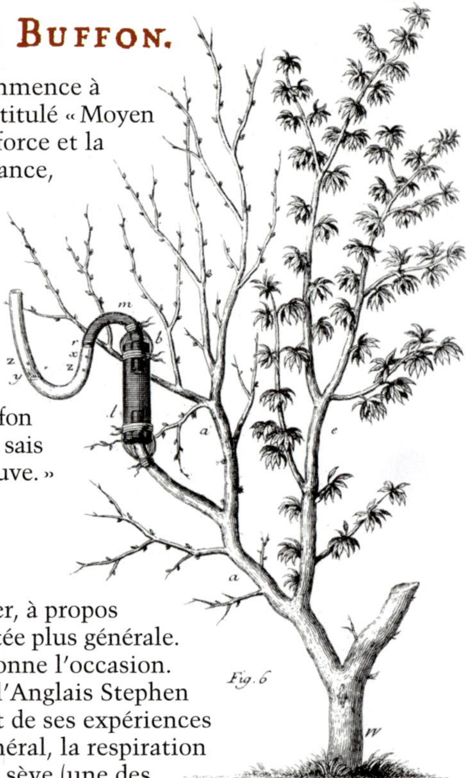

Le 23 décembre 1738, Buffon commence à l'Académie la lecture d'un texte intitulé « Moyen facile d'augmenter la solidité, la force et la durée du bois » ; dans la même séance, Duhamel prend date pour un mémoire sur le même sujet, plus modestement intitulé « Diverses tentatives pour parvenir à augmenter la dureté ou la densité des bois ». Furieux d'être devancé par Buffon et s'estimant pillé par celui-ci, Duhamel l'apostrophe : « Vous avez bonne mémoire ! » Buffon lui rétorque sans se démonter : « Je sais profiter du bon partout où je le trouve. »

« La Statique des végétaux » : Buffon contre les systèmes

La nouvelle orientation de ses recherches incite Buffon à exposer, à propos du règne végétal, des idées de portée plus générale. Un travail de traduction lui en donne l'occasion. Sous le titre *Vegetable Staticks,* l'Anglais Stephen Hales a publié en 1727 le résultat de ses expériences sur la physiologie végétale en général, la respiration des plantes et la circulation de la sève (une des grandes questions de la biologie au XVIIIe siècle); il a mis au point des méthodes et des appareils propres à recueillir les gaz. Son livre connaît un grand succès parmi les savants; il est réédité dès 1731. Buffon, alors tout occupé à ses expériences sur le bois, a beaucoup de raisons de s'intéresser à cet ouvrage; il en entreprend une traduction, parue en 1735. Celle-ci est enrichie

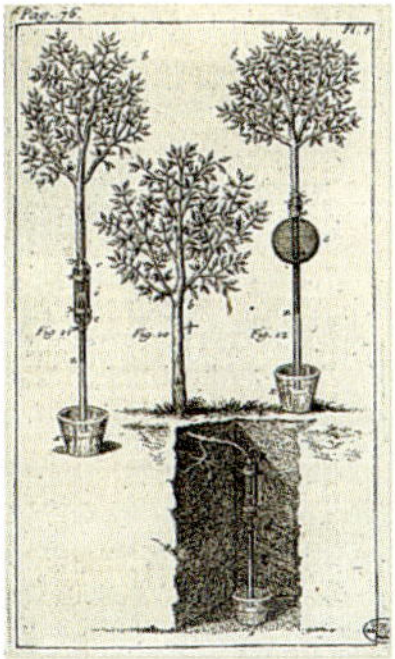

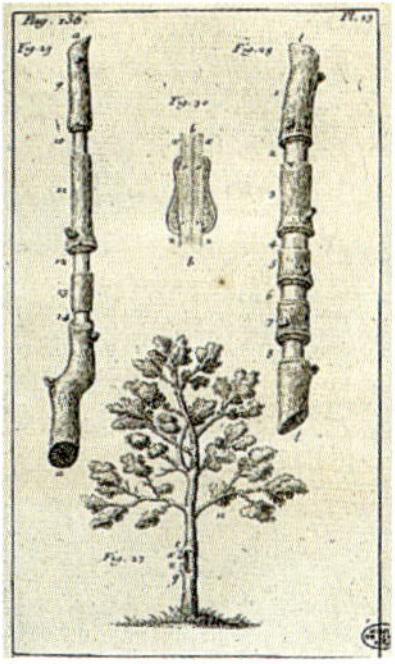

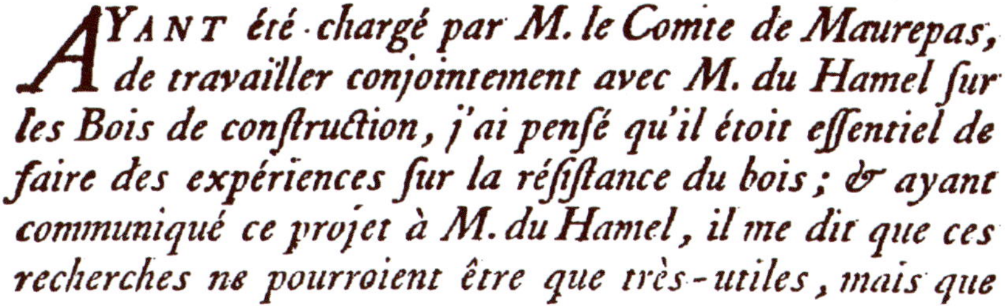
AYANT été chargé par M. le Comte de Maurepas, de travailler conjointement avec M. du Hamel ſur les Bois de conſtruction, j'ai penſé qu'il étoit eſſentiel de faire des expériences ſur la réſiſtance du bois; & ayant communiqué ce projet à M. du Hamel, il me dit que ces recherches ne pourroient être que très-utiles, mais que

d'annotations ainsi que d'une importante préface où, en réaction contre les disciples de Descartes qui privilégient le raisonnement comme moyen de connaissance, il prend parti, avec les premiers newtoniens français, Maupertuis et Voltaire entre autres, pour l'observation et l'expérience comme fondements obligés de la méthode scientifique : « Le seul moyen de connaître est celui des expériences raisonnées et suivies, car toutes les autres méthodes d'investigation n'ont jamais abouti. Les seuls livres capables d'augmenter les connaissances scientifiques sont des recueils ainsi voués à la description des faits observés et expérimentés; car il s'agit bien de savoir ce qui a lieu vraiment, de bien

Henri Louis Duhamel du Monceau (1700-1782, à gauche), botaniste, agronome et physicien, est entré à l'Académie des sciences cinq ans avant Buffon. En matière de bois de construction, son nom s'impose. Buffon accepte de mauvaise grâce la collaboration imposée par le ministre Maurepas et y met bientôt fin. Ci-dessus, un extrait du premier mémoire présenté par les deux hommes à l'Académie des sciences en 1737.

considérer ce qui se passe sous nos yeux, et non pas ce qui arriverait dans telle ou telle hypothèse. » En pourfendant les constructions purement théoriques, ou « systèmes », Buffon ne fait que suivre une opinion alors de plus en plus répandue depuis le début du siècle, cependant l'examen attentif du volume laisse voir que ce sont les vues générales de Hales qui l'intéressent davantage : « Éloignons-nous, s'il est possible, écrit-il encore, de tout esprit de système, du moins jusqu'à ce que nous soyons instruits ; nous trouverons assurément à placer un jour ces matériaux. » Ainsi, pour Buffon, le rejet des systèmes n'interdit nullement de généraliser les faits observés dès lors que l'expérimentation précède la théorie.

Pierre Louis Moreau de Maupertuis (1698-1759), membre de l'Académie des sciences depuis 1723, ami de Voltaire, est l'un des premiers savants à diffuser en France les idées de Newton. En 1732, il présente son mémoire *Sur les lois de l'attraction*, où il s'affirme comme un partisan résolu de Newton contre la physique cartésienne, encore défendue par Fontenelle et la majorité de ses confrères. En 1736, il part pour la Laponie, où il mesure un arc de méridien et confirme l'hypothèse de Newton selon laquelle la Terre est aplatie aux pôles.

Anglophile, comme le sont au même moment beaucoup de Français instruits qui admirent, dans les institutions d'outre-Manche, le respect de la liberté individuelle et sont séduits par la philosophie de John Locke, hostile à toute métaphysique, Buffon entretient des correspondances avec plusieurs savants d'outre-Manche et, comme d'autres avant lui, notamment Maupertuis et Cramer, séjourne à Londres, sans doute au début de 1738, assez brièvement. Il a tout de même le temps de prendre contact avec la *Royal Society* (où il sera élu en 1739), de s'initier à la pratique du microscope et de se battre en duel avec un cousin du duc de Kingston.

Le Jardin du Roi

1739 sera une année déterminante. À l'Académie, Buffon vient de passer, le 18 mars, de la section de mécanique, où l'avaient fait entrer ses premiers travaux, dans celle de botanique, plus conforme à ses recherches sur le bois et à son orientation

En 1738, Voltaire publie *Les Élémens de la philosophie de Neuton mis à la portée de tous* (à gauche et ci-dessous), l'un des premiers ouvrages de vulgarisation des idées du physicien anglais. En France, les sciences expérimentales suscitent alors un engouement sans précédent dont témoigne la fabrication en grand nombre d'instruments scientifiques pour équiper les cabinets de physique et d'histoire naturelle (ci-dessous, le microscope du duc de Chaulnes).

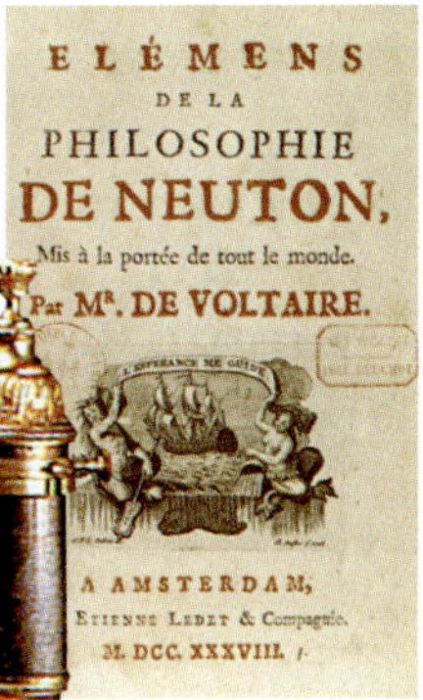

ELÉMENS
DE LA
PHILOSOPHIE
DE NEUTON,
Mis à la portée de tout le monde.
Par M^r. DE VOLTAIRE.
A AMSTERDAM,
Etienne Ledet & Compagnie.
M. DCC. XXXVIII.

nouvelle vers l'étude de la nature. Or, dans cette section de botanique, le décès d'un pensionnaire crée les conditions d'une promotion en cascade : Bernard de Jussieu, jusque-là associé, devient pensionnaire et Buffon est promu du grade d'adjoint à celui d'associé. Sur l'intervention de Maurepas, Louis XV lui offre, en juin 1739, la surintendance des forêts des chasses royales, qu'il refuse ;

mais il accepte une pension de deux mille livres pour financer ses expériences sur le bois.

Il a bien fait de décliner la gestion des chasses du roi, car une chance inespérée va bientôt se présenter. Le 16 juillet, Charles François de Cisternay du Fay, intendant du Jardin royal des Plantes depuis sept ans, décède inopinément de la variole, à quarante et un ans. Qui va le remplacer dans cette charge très convoitée ? Duhamel du Monceau, recommandé par ses nombreux et importants travaux, semble tout désigné. Mais Buffon a très envie du poste ; à un ami, il écrit le 23 juillet : « Je savais déjà la mort du pauvre Dufay, qui m'a véritablement affligé [...]. Il a fait des choses étonnantes pour le Jardin du Roi et je vous avoue qu'il l'a mis sur un si bon pied, qu'il y aurait grand plaisir à lui succéder dans cette place, mais je m'imagine qu'elle sera bien convoitée. Quand j'aurais plus de raisons d'y prétendre qu'un autre, je me donnerais bien garde de la demander. Je connais assez M. de Maurepas et j'en suis assez connu pour qu'il me la donne sans sollicitations de ma part. Je prierai mes amis de parler pour moi, de dire hautement que je conviens à cette place : c'est tout ce que j'ai de raisonnable à faire quant à présent [...]. Il y a des choses pour moi, mais il y en a contre, et surtout mon âge ; et cependant, si on y faisait réflexion, on sentirait que l'intendance du Jardin du Roi demande un jeune homme actif, qui puisse braver le soleil, qui se connaisse en plantes et qui

❝Buffon ne fut pas un courtisan. Ni sous Louis XV [ci-dessus, le portrait du roi par Van Loo] ni sous Louis XVI, on ne le vit fréquenter Versailles ni Marly, bien qu'il eût le plus envié des privilèges, les petites entrées de la Chambre. Cependant, Louis XV et Louis XVI lui témoignèrent à l'envi leurs sympathies. Louis XV lui demandait des chevreuils de Montbard, et lui envoyait de sa cuisine en échange.❞

Henri Nadault de Buffon, *Correspondance inédite de Buffon*, 1860

sache la manière de les multiplier, qui soit un peu connaisseur dans tous les genres qu'on y démontre, et, par-dessus tout, qui entende les bâtiments. De sorte qu'en moi-même il me paraît que je serais bien leur fait; mais je n'ai pas encore grande espérance. »

C'est tout le contraire qui est vrai. Buffon fait agir toutes les protections ou les relations dont il peut se servir, à commencer par celle de Maurepas, et réussit même à obtenir de Du Fay, presque mourant, une lettre où celui-ci recommande au ministre sa désignation comme étant le plus apte à lui succéder. Et c'est bien ce qui se produit, au grand étonnement d'une partie de la classe savante, mais la personnalité de Buffon, son activité, son aptitude à conduire ses entreprises bourguignonnes de sylviculture ont sûrement plu à Maurepas. Le 26 juillet 1739, dix jours seulement après la mort de Du Fay, Louis XV signe la nomination de Buffon comme intendant du Jardin et du Cabinet d'histoire naturelle du roi. Celui-ci accède, à trente et un ans, à un poste très important, la direction d'un des principaux établissements scientifiques de la France d'Ancien Régime, qu'il va assumer pendant cinquante années. Il entame une nouvelle existence où, dans l'espace et le temps, il sera tour à tour deux personnages : intendant du Jardin du Roi à Paris et grand propriétaire terrien à Montbard.

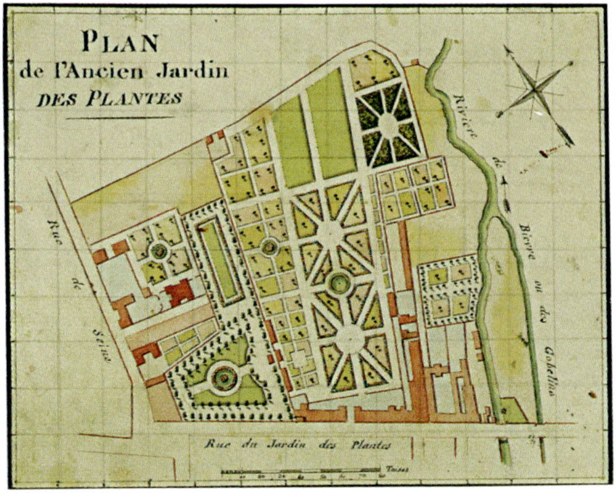

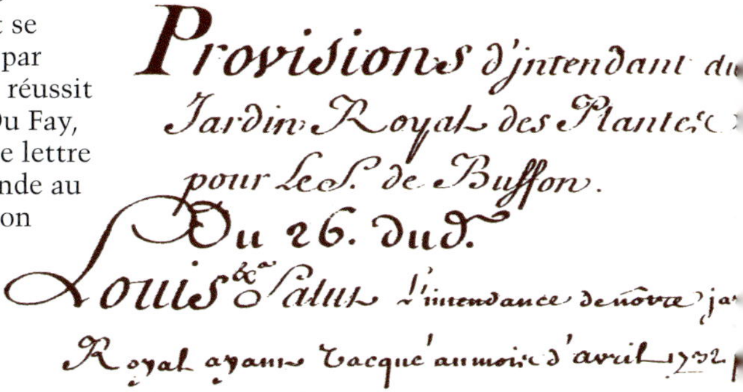
Provisions d'intendant du
Jardin Royal des Plantes
pour le S. de Buffon.
Du 26. dud.
Louis &c. Salut. L'intendance de n[ot]re jar
Royal ayant vacqué au mois d'avril 1732

Les registres de la Maison du roi conservent le texte de la décision royale qui nomme Buffon intendant du Jardin royal des Plantes : « Nous avons choisi le Sieur Leclerc de Buffon en qui nous trouvons toutes les qualités nécessaires pour remplir dignement cette place. » Ci-dessus, le plan du Jardin du Roi au moment où Buffon en prend la direction.

AMPHITHEATRE

Quoique ne vivant à Paris qu'une partie de l'année, cinq mois à peu près, Buffon s'acquitte avec beaucoup de soin de ses fonctions d'intendant et sa longue gestion coïncide avec une période particulièrement faste dans l'histoire du Jardin du Roi.

CHAPITRE 2

AU JARDIN DU ROI

Buffon (ci-contre, statue par Jean Carlus) attache beaucoup d'importance à l'enseignement donné au Jardin. En 1787, il confie à l'architecte Edme Verniquet (1727-1804) la construction d'un nouvel et vaste amphithéâtre (à gauche) sur un terrain nouvellement acquis.

La gravure due à Frédéric Scalberge qui illustre la *Description du Jardin royal* publiée en 1636 par le premier intendant, Gui de La Brosse (1586-1641), montre, en vue cavalière, l'étendue de l'établissement tel qu'il se présente à l'origine et tel qu'il restera jusqu'au temps de Buffon. Le Jardin est limité à l'est (au bas de l'image) par le cours de la Bièvre. Le château, acheté en 1633 avec le terrain, abrite le logement de l'intendant et les premières collections.

Le Jardin royal des Plantes

Le Jardin du Roi, d'abord destiné à la formation des médecins et des apothicaires, est né sous le règne de Louis XIII de la volonté de donner à cet enseignement un nouveau souffle en le soustrayant aux conceptions désuètes de la faculté de médecine de Paris, incapable de se libérer d'une soumission aveugle aux opinions des Anciens, Hippocrate et Galien entre autres. Au Jardin, on enseigne la botanique, qui tient évidemment un grand rôle dans la préparation des drogues, l'anatomie humaine et celle des animaux, la chimie enfin qui, à la fin du XVIIe siècle, fait son entrée dans la pharmacopée. L'enseignement donné, en français, sans formalités d'inscription, se veut résolument pratique, moderne, sans préjugés d'aucune sorte : vers 1680, Pierre Dionis, démonstrateur en anatomie, expose à ses élèves la circulation du sang selon l'opinion de William

Harvey, une opinion violemment combattue par la faculté. Celle-ci s'oppose aussi à l'enseignement de la chimie, né au Jardin, car elle prétend exclure toute substance chimique de la préparation des médicaments : les diatribes du médecin Guy Patin, doyen de la faculté de médecine de Paris, contre l'antimoine, ou vin émétique, un médicament composé en partie d'arsenic, sont là pour le rappeler.

Lorsque Buffon entre en scène, ces querelles sont apaisées. Car le Jardin a commencé une évolution qui va se poursuivre et s'accentuer tout au long du XVIIIe siècle. Les préoccupations médicales qui ont inspiré sa création et les premières décennies de son histoire sont peu à peu remplacées par le souci d'une étude désintéressée de la nature : à l'art de guérir succède l'histoire naturelle. Ainsi, de manière significative, l'ancien « Cabinet des drogues » est devenu en 1729 « Cabinet d'histoire naturelle ». Et l'intendant du Jardin n'est plus un médecin.

L'action de Buffon s'exerce dans plusieurs directions : valorisation de l'enseignement par le choix des maîtres, enrichissement du Cabinet, extension et embellissement du Jardin. Du début à la fin, il conduit une politique de prestige qui vise – et réussit – à faire du Jardin du Roi un des phares scientifiques de l'Europe.

La vocation d'abord médicale du Jardin du Roi s'affirme au moment où la nouvelle médecine chimique s'efforce d'analyser les plantes pour en tirer des remèdes. La gravure de Sébastien Leclerc (ci-dessous), tirée des *Mémoires pour servir à l'histoire des plantes* publiés en 1676 par le médecin Denis Dodart, illustre bien cette préoccupation. Elle met en scène un groupe de botanistes réunis au Cabinet des drogues du Jardin du Roi. Autour d'une table chargée de fioles contenant des spécimens, les savants se livrent à l'analyse chimique des plantes pour en découvrir les « vertus ».

Le choix des hommes

Ses prédécesseurs, Fagon, sous Louis XIV, et Du Fay, de 1732 à 1739, ont déjà donné une incontestable réputation aux leçons dispensées par les maîtres du Jardin. Deux nouvelles chaires, créées en 1695 et 1727, ont porté le nombre des enseignants à six et l'*Almanach royal* qui, à partir de 1736, donne l'état

nominatif du personnel en exercice, fait clairement ressortir la situation ainsi créée : un enseignement portant sur trois matières, botanique, chimie, anatomie, avec deux chaires pour chacune d'elles, une chaire principale dont le titulaire porte le titre de professeur, et une chaire secondaire où il n'est que « démonstrateur ».

Buffon n'enseigne pas et semble d'ailleurs avoir laissé aux professeurs et démonstrateurs une très large indépendance quant aux programmes et aux méthodes. Il se contente, mais cela est essentiel, de choisir les nouveaux titulaires des postes devenus vacants et ses choix, toujours ratifiés par le ministre de tutelle, font honneur à sa perspicacité : en botanique, Louis Guillaume Le Monnier, qui deviendra premier médecin du roi, et Antoine Laurent de Jussieu, continuateur de l'illustre lignée fondée par ses oncles Antoine et Bernard ; en chimie, Pierre Joseph Macquer, directeur du *Journal des savants*, directeur des travaux de la manufacture royale de porcelaines de Sèvres, et Fourcroy, vulgarisateur de l'œuvre de Lavoisier ; en anatomie, Jacques Bénigne Winslow, Danois de grand talent converti au catholicisme par Bossuet, et les « trois Antoine », tous trois praticiens de renom : Ferrein, Petit et Portal, le dernier futur premier médecin de Louis XVIII et fondateur de l'Académie de médecine. Pendant les cinquante années du « règne » de Buffon, les savants maîtres du Jardin du Roi forment, autour de leur majestueux intendant,

Nombre de professeurs du Jardin du Roi, choisis par Buffon, sont membres de l'Académie des sciences. Jacques Bénigne Winslow (1669-1760, à gauche), Danois, arrivé à Paris en 1698, exerce d'abord en médecine à l'Hôpital général avant d'être nommé, en 1743, « professeur d'anatomie et de chirurgie ». Antoine Portal (1742-1832, au centre), médecin de Montpellier, professeur d'anatomie du Dauphin, entre au Jardin comme suppléant d'Antoine Ferrein (1693-1769), auquel il succède en 1770. Antoine François de Fourcroy (1755-1809, ci-dessus) enseigne la chimie. Il succède à Pierre Joseph Macquer (1718-1784, page de droite, à gauche) en 1784. Louis Jean Marie Daubenton (1716-1800, page de droite, au centre), médecin né à Montbard, devient en 1745 garde du Cabinet d'histoire naturelle.

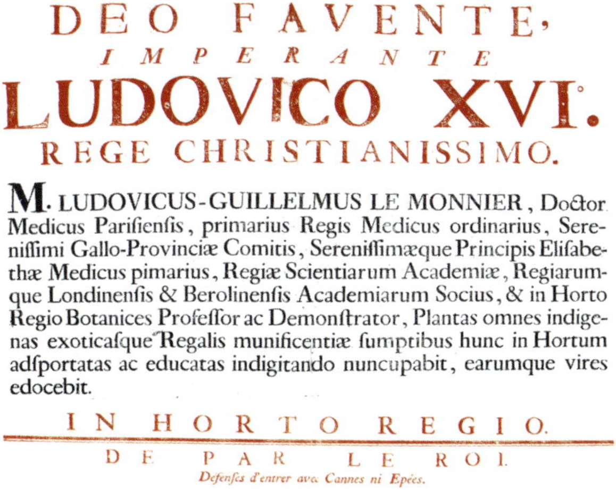

DEO FAVENTE,
IMPERANTE
LUDOVICO XVI.
REGE CHRISTIANISSIMO.

M. LUDOVICUS-GUILLELMUS LE MONNIER, Doctor Medicus Pariſienſis, primarius Regis Medicus ordinarius, Sereniſſimi Gallo-Provinciæ Comitis, Sereniſſimæque Principis Eliſabethæ Medicus pimarius, Regiæ Scientiarum Academiæ, Regiarumque Londinenſis & Berolinenſis Academiarum Socius, & in Horto Regio Botanices Profeſſor ac Demonſtrator, Plantas omnes indigenas exoticaſque Regalis munificentiæ ſumptibus hunc in Hortum adſportatas ac educatas indigitando nuncupabit, earumque vires edocebit.

IN HORTO REGIO.

DE PAR LE ROI.
Deſenſes d'entrer avec Cannes ni Epées.

une sorte de cour. Entre eux et lui, les rapports sont protocolaires. Buffon n'a pas parmi eux d'ami véritable, pas même son concitoyen Daubenton, avec lequel les relations sont changeantes. Et il ne semble guère avoir profité, pour ses propres recherches, des travaux de ceux qui enseignaient sous son autorité.

C'est Buffon, toujours, qui confie successivement aux deux Thouin la fonction de jardinier en chef ; le second, André, nommé en 1764, à dix-sept ans, jouera près de lui, pendant vingt-quatre années, le rôle d'homme de confiance. Par Thouin, l'intendant, qu'il soit à Montbard ou à Paris, exerce une surveillance

Né au Jardin du Roi, André Thouin (1747-1824, ci-dessus) a été tôt protégé par Buffon qui a payé ses études dans un collège parisien. À quinze ans, il est déjà apprécié de Bernard de Jussieu et de Daubenton. Durant vingt-neuf ans, Thouin dirige les cultures du Jardin. Buffon lui confie en son absence la surveillance des travaux et l'associe aux démarches pour l'agrandissement du Jardin. Thouin est aussi l'interlocuteur privilégié des voyageurs naturalistes correspondants du Jardin du Roi. Son rôle est essentiel dans l'acclimatation des plantes tropicales. En 1786, Buffon le fait entrer à l'Académie des sciences.

À gauche, une affiche de 1784 annonce l'ouverture du cours de botanique de Louis Guillaume Le Monnier (1717-1799).

constante sur les collections botaniques vivantes, l'entretien général, les bâtiments. À ceux qui viennent d'être cités, il faut ajouter Lamarck que Buffon, le premier, a découvert et qu'il a essayé, vainement il est vrai, d'attacher à sa personne en en faisant une sorte de précepteur pour son fils. C'est grâce à Buffon que Lamarck publiera sa *Flore française* à l'Imprimerie royale, en 1778, et entrera l'année suivante à l'Académie des sciences. Au contraire, Buffon n'a rien fait, semble-t-il, pour attirer Michel Adanson, naturaliste de grande valeur mais esprit chimérique. On peut remarquer enfin que Buffon, quoique toujours soucieux de ne rien perdre de son autorité, a laissé s'établir autour de lui des « dynasties » où les fils et neveux accompagnent les pères et oncles ou leur succèdent; à cet égard, les Jussieu, les Mertrud, les Rouelle, les Thouin annoncent les Brongniart, les Geoffroy Saint-Hilaire, les Cuvier, les Milne-Edwards et les Becquerel du XIXe siècle. Au Muséum, comme au Jardin du Roi, on aimera travailler en famille.

Le Cabinet d'histoire naturelle

Buffon, intendant du Jardin, l'est aussi du Cabinet d'histoire naturelle du roi. Poursuivant l'œuvre de Du Fay, il va en faire la plus riche des collections publiques d'histoire naturelle existant en France, un instrument privilégié de la politique de grandeur qu'il conduit et le creuset, en même temps, d'où sortiront plus tard, l'une après l'autre, les galeries que le Muséum ouvrira à ses visiteurs.

À toute politique, il faut des moyens : Buffon engage du personnel et élargit les locaux. En 1735, il fait venir de Montbard son concitoyen Daubenton pour lui confier le poste de « garde et démonstrateur » du Cabinet. Par la suite, pour aider celui-ci dans une tâche qui va sans cesse croissant, il fait créer, en 1766 et 1788, deux nouveaux emplois, occupés, le premier par Daubenton le Cadet (cousin germain et beau-frère

Le Cabinet d'histoire naturelle du roi abrite des collections très diverses : pièces anatomiques – notamment des fœtus et nouveau-nés monstrueux – conservées dans la « liqueur », minéraux, fossiles, herbiers, animaux naturalisés par les taxidermistes placés sous les ordres de Daubenton. Celui-ci décrit avec précision ces procédés de conservation (ci-dessous) aussi bien

que les pièces exposées et réunit volontiers autour de lui (en haut, à droite) des naturalistes français ou étrangers de passage à Paris. Il fait régulièrement visiter le Cabinet, ouvert au public deux jours par semaine à partir 1745.

du garde du Cabinet), puis par Lacepède, et le second par Faujas de Saint-Fond. Le Cabinet emploie aussi plusieurs taxidermistes, auxquels revient la tâche de monter tant bien que mal, souvent sans documentation suffisante, les dépouilles d'animaux qu'on leur remet.

Une des premières mesures de Buffon a été d'installer les collections trouvées à son arrivée au premier étage du château, bâtiment principal du Jardin acheté en même temps que le terrain, en 1633. Les locaux ainsi réagencés vers 1740, sont ensuite agrandis à trois reprises, en 1744-1745, à partir de 1767 et de nouveau à partir de 1780, mais restent toujours trop exigus. Une solution logique eût été la reconstruction de l'ensemble du bâtiment; l'architecte Doussin en 1750, puis son successeur Viel en 1779 proposent de grandioses et d'ailleurs élégants projets. Faute de crédits, il faut y renoncer et se contenter d'aménager les locaux existants. Les travaux conduits, à partir de 1780, par l'architecte Latouche consistent à prolonger

“Daubenton fut nommé [...] garde et démonstrateur du Cabinet d'histoire naturelle. Avant lui, ce cabinet [...] ne contenait, en histoire naturelle proprement dite, que des coquilles [...]. En bien peu d'années il changea totalement de face; les minéraux, les fruits, les bois, les coquillages, furent rassemblés de toutes parts et exposés dans le plus bel ordre. Daubenton s'y enfermait pendant des heures entières pour se livrer à l'étude et à la classification de ces trésors, qui étaient devenus une véritable passion.”

Georges Cuvier, *Éloges historiques*, 1819

Au milieu du XVIIIe siècle, en France, les cabinets de curiosités se multiplient. Joseph Bonnier de La Mosson (1702-1744), richissime trésorier général des états de Languedoc, constitue à Paris l'un des plus magnifiques. Ce cabinet, installé au premier étage de l'hôtel du Lude (aujourd'hui disparu), rue Saint-Dominique non loin de la rue du Bac, n'occupe pas moins de sept pièces en enfilade, donnant sur le jardin de l'hôtel. On trouve successivement le laboratoire de chimie, l'apothicairerie, le « cabinet du tour » et le droguier. Puis viennent trois vastes pièces, d'une hauteur sous plafond de plus de cinq mètres, qui abritent le cabinet des animaux desséchés (ci-contre), le cabinet de mécanique et de physique, enfin la bibliothèque, où trônent deux superbes globes, céleste et terrestre, un médaillier et un coquillier garni de satin blanc. Après la mort de Bonnier, son cabinet est vendu aux enchères, en 1745. Buffon achète, pour 3 000 livres, les boiseries du cabinet des animaux desséchés, en chêne de Hollande finement sculpté, et les fait remonter au Jardin du Roi.

les galeries en habillant les façades de l'ancien château au goût du jour et à surélever le tout d'un étage; retardés par la découverte de carrières qu'il faut combler, ils seront achevés après la mort de Buffon. Ces transformations sont rendues urgentes par le rapide accroissement des collections de toutes sortes. Car Buffon, en habile gestionnaire, sait profiter de toutes les occasions; au besoin, il les suscite: membre de l'Académie des sciences, il se fait céder par cette compagnie plusieurs ensembles importants à elle légués par des naturalistes connus, Pajot d'Onsenbray (mort en 1754) par exemple, et surtout Réaumur (mort en 1757), qui laisse une très riche collection d'oiseaux. Lorsqu'il ne peut acquérir gratuitement, Buffon achète, avec un très sûr instinct de la valeur scientifique des choses et sans négliger, à l'occasion, le sensationnel. En 1760, les précieuses collections rassemblées au Sénégal (1749-1754) par Adanson sont acquises pour le Cabinet. Pour étendre sa propre influence et celle de l'établissement qu'il dirige, Buffon entretient des correspondances suivies avec les savants de l'Europe, les voyageurs, les fonctionnaires des colonies lointaines, sollicitant de tous des envois ou des renseignements et faisant accorder aux plus zélés un brevet de « correspondant du Jardin » ou « du Cabinet du Roi ». C'est par là que l'*Histoire naturelle,* œuvre personnelle de l'intendant, profite de l'activité du Jardin du Roi. Lorsqu'à partir de 1749 paraissent les premiers volumes de son ouvrage, Buffon a l'habileté d'y nommer ceux qui lui ont fourni des matériaux, et l'espoir d'obtenir cette satisfaction d'amour-propre lui vaut de nouveaux envois.

Des quatre coins du monde vont affluer des richesses collectées par les

Deux exemples parmi les pièces de toute nature envoyées par les naturalistes au Jardin du Roi : la bougainvillée du Brésil collectée par Philibert Commerson en 1767, et un vase double rapporté du Pérou par Joseph Dombey.

voyageurs, par exemple Philibert Commerson, embarqué avec Bougainville; Pierre Sonnerat, héros de plusieurs voyages dans les Indes orientales; Joseph Dombey, qui visite le Pérou et le Chili; André Michaux, présent d'abord en Perse puis en Amérique du Nord, où il séjourne onze années; Charles Sonnini de Manoncourt, qui parcourt la Guyane puis l'Égypte et l'Asie Mineure. Ils rapportent des notes, des dessins, des herbiers, des graines, des plantes vivantes pour la conservation desquelles André Thouin a rédigé des instructions précises et concrètes, des spécimens dans l'alcool, de rares animaux vivants (des oiseaux, le plus souvent), ainsi que des costumes, des armes, des outils utilisés par les « sauvages ». Vers la fin du siècle, le prestige du comte de Buffon est devenu tel que les souverains eux-mêmes se font un honneur d'enrichir le Cabinet du Jardin du Roi, non seulement Louis XV, qui y fait porter une caille blanche, variété rare tirée par lui à la chasse, mais les rois de Danemark

Pierre Sonnerat (1749-1814), auteur d'un *Voyage à la Nouvelle-Guinée* publié en 1776 (frontispice ci-dessous), a beaucoup voyagé dans l'océan Indien. Passionné par les oiseaux et excellent dessinateur, il en a reproduit un grand nombre à l'aquarelle.

et de Pologne, Frédéric II de Prusse et surtout Catherine II la Grande qui, de Pétersbourg, envoie à l'auteur de l'*Histoire naturelle* plusieurs lots splendides de fourrures et d'animaux rares.

Tout cela, où d'authentiques trésors voisinent avec de plus contestables « curiosités », se présente de manière assez désordonnée mais pittoresque, selon les critères d'une muséographie qui n'hésite pas à placer entre les jambes d'un zèbre différents poissons et reptiles desséchés, et à « décorer » les plafonds en y suspendant de grands poissons naturalisés. Avant tout, Buffon veut être magnifique et étonner par la profusion. Malgré les critiques, quelquefois fort vives, sur son organisation, le Cabinet, ouvert aux visiteurs le mardi et le jeudi de chaque semaine, attire dans ses salles un public nombreux qui participe à l'engouement de l'époque pour l'histoire naturelle. En témoigne le grand nombre des cabinets de curiosités alors existants, où les coquilles, les minéraux, les fossiles, les animaux naturalisés forment le plus souvent la majeure partie des collections rassemblées.

Dans les salles, rarement représentées, du Cabinet d'histoire naturelle (ci-dessus, le frontispice du volume III de l'*Histoire naturelle*) sont soigneusement rangées les nouvelles acquisitions…

L'extension du Jardin

Dès son entrée en fonction, Buffon, selon toute vraisemblance, songe à la nécessaire extension de la superficie du Jardin du Roi. Mais de nombreux et puissants obstacles s'opposent à la réalisation immédiate de ses projets : l'œuvre de réorganisation interne de Du Fay à mener à bien, l'absence de ces

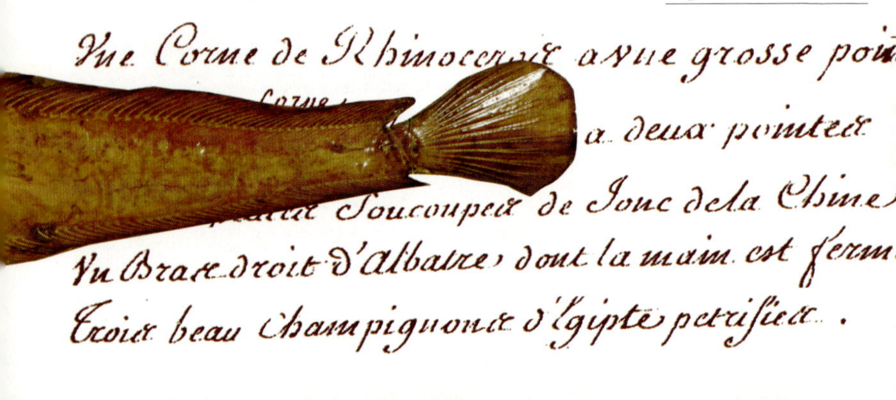

nombreux appuis à Versailles qui lui permettront, plus tard, de surmonter toutes les difficultés, aussi l'énorme travail de documentation préliminaire à la rédaction de l'*Histoire naturelle.* Le Jardin reste donc, pendant plus de trente ans, ce qu'il était à son origine, au moins quant à ses limites et à sa surface : un peu plus de huit hectares. Puis, à partir de 1771,

… Parmi celles-ci, les curiosités données par le roi en 1742 (ci-dessous, détail de l'inventaire) ou ce poisson séché récolté au Sénégal par Michel Adanson (1727-1806).

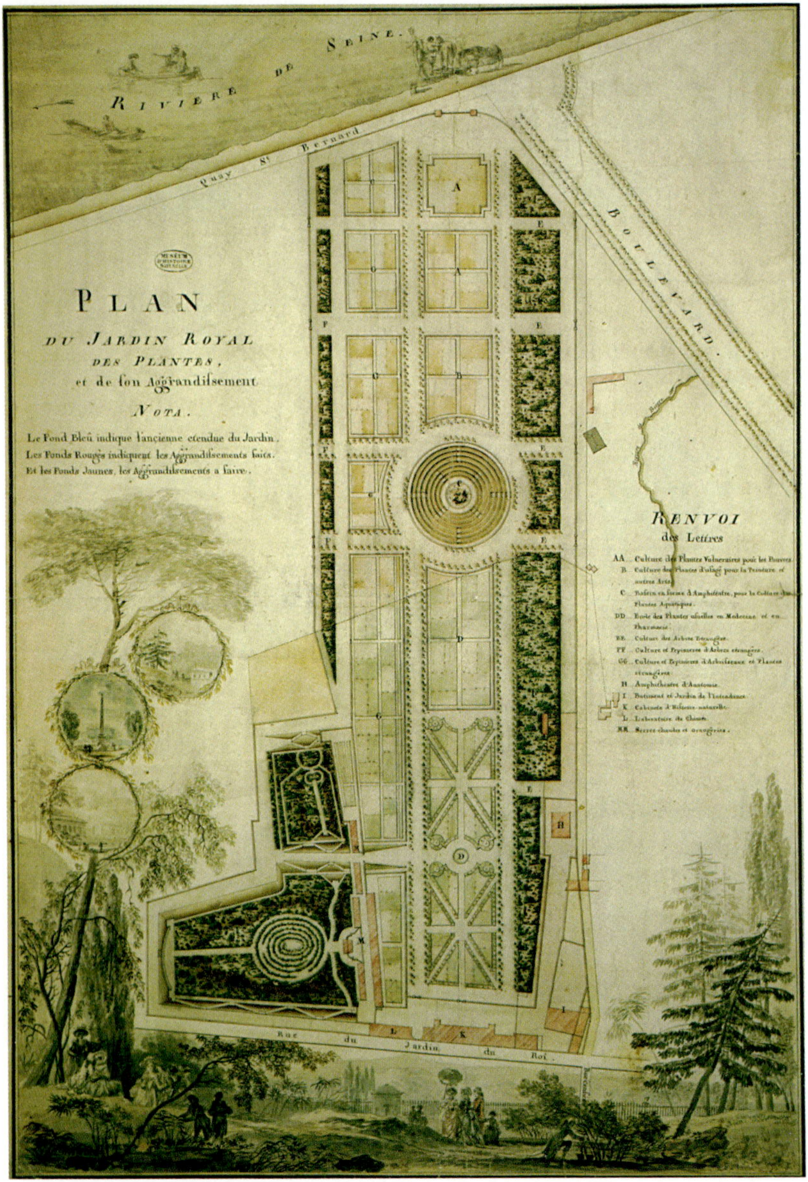
Rivière de Seine.
Quay St. Bernard
Boulevard.
PLAN
du Jardin Royal
des Plantes,
et de son Aggrandissement
Nota.
Le Fond Bleû indique l'ancienne etendue du Jardin.
Les Fonds Rougès indiquent les Aggrandissements faits.
Et les Fonds Jaunes, les Aggrandissements a faire.
Renvoi
des Lettres
Rue du Jardin du Roi.

l'extension commence et se poursuit, dès lors, presque sans interruption jusqu'en 1787. Elle nécessite de nombreuses tractations, achats et reventes, échanges de terrains, par lesquels Buffon, qui le plus souvent a fait l'avance des fonds, parvient à ses fins non sans réaliser de très considérables profits personnels. Les accroissements s'effectuent successivement dans trois directions. De 1771 à 1779, vers le sud, où Buffon achète d'abord, pour en faire le siège de l'intendance, le bâtiment aujourd'hui connu sous le nom de « maison de Buffon », puis les terrains où seront construites plus tard les anciennes galeries de botanique et minéralogie. Ainsi, en 1779, le côté sud du Jardin est aligné sur la future rue Buffon. Celle-ci, ainsi nommée dès l'origine, est tracée en 1782 après la deuxième phase de l'extension qui, de 1779 à 1781, au terme de longues et difficiles négociations, étend le Jardin à l'est jusqu'à la Seine.

Entre 1785 et 1787, enfin, Buffon achète au nord deux autres terrains : celui où s'étend aujourd'hui le jardin alpin, puis l'hôtel de Magny et un large espace y attenant qui donne une issue commode sur la rue de Seine-Saint-Victor (actuelle rue Cuvier). Ainsi la surface du Jardin se trouve-t-elle doublée. Sans doute l'effort de Buffon, toujours habile, parfois brutal, a-t-il soulevé bien des plaintes et querelles dont on entendra longtemps les échos, du moins un pas décisif est-il franchi et l'une des conditions essentielles de l'épanouissement du Jardin est-elle remplie.

En 1783, l'architecte Edme Verniquet dessine un plan du Jardin du Roi (à gauche) où paraissent les agrandissements opérés par Buffon, vers la Seine notamment. Il y manque les dernières parcelles acquises entre 1785 et 1787, proches de la rue de Seine-Saint-Victor, aujourd'hui rue Cuvier (à gauche sur le plan), où Buffon entreprend la construction d'un nouvel amphithéâtre. Ci-dessus, le bâtiment abritant le Cabinet d'histoire naturelle (au bas du plan, le long de la rue du Jardin-du-Roi), tel qu'il se présentera peu d'années après la mort de Buffon.

Depuis l'origine, le Jardin du Roi entretient d'importantes collections végétales vivantes dans ses parterres et, pour les espèces exotiques ou fragiles, dans les serres construites par les intendants successifs sur le versant du Labyrinthe exposé au midi (double page précédente, les deux élégantes serres élevées par l'intendant Du Fay, pour abriter les arbres et arbrisseaux). Buffon lui-même en fait construite une autre. Le Jardin possède aussi un certain nombre d'arbres précieux nouvellement introduits en France : le plus célèbre d'entre eux est le cèdre du Liban (ci-contre) rapporté d'Angleterre par Bernard de Jussieu et planté par lui dans le Labyrinthe en 1734. Thouin en distribue les premières graines dans toute la France. Il veut faire du Jardin du Roi une école de botanique, une pépinière nationale et un dépôt de naturalisation de plantes utiles venues d'autres pays et d'autres climats.

L'ami des ministres

Lorsqu'il est à Paris, Buffon ne reste pas confiné dans son établissement. Il lui faut bien, d'abord, se rendre parfois à Versailles. Le roi Louis XV l'estime – en 1772, il érigera en comté la terre de Buffon – et Mme de Pompadour l'a pris en amitié. M. le comte a donc ses « petites entrées » à la Cour, mais il n'y paraît que rarement. À Versailles, Buffon ne veut pas perdre son temps ; il visite les bureaux de son ministre de tutelle pour obtenir le remboursement de ses avances, solliciter des crédits pour les travaux ou l'achat de collections, demander la création d'emplois nouveaux. Malgré les difficultés financières de l'administration royale, il est plutôt bien servi.

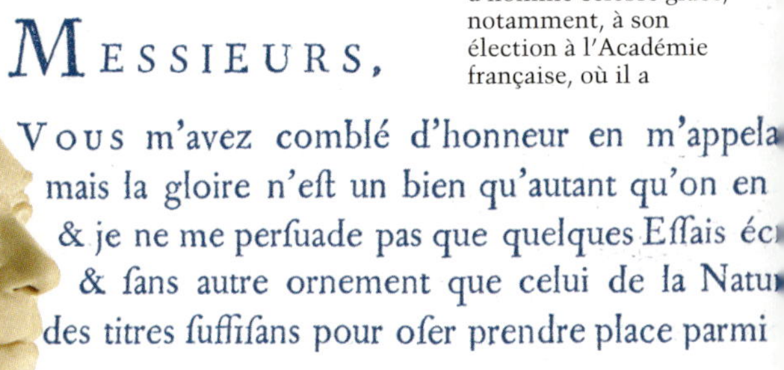
MESSIEURS,

Vous m'avez comblé d'honneur en m'appela
mais la gloire n'eſt un bien qu'autant qu'on en
& je ne me perſuade pas que quelques Eſſais éc
& ſans autre ornement que celui de la Natu
des titres ſuffiſans pour oſer prendre place parmi

Dans son âge mûr, Buffon accède au statut d'homme célèbre grâce, notamment, à son élection à l'Académie française, où il a prononcé le *Discours sur le style*, et à son anoblissement par Louis XV (ci-dessus, les armoiries du comte de Buffon). Plusieurs artistes, poètes, peintres et sculpteurs (à gauche, un buste de Buffon réalisé par Augustin Pajou) vantent ses mérites ou reproduisent ses traits.

Et servi comme il l'entend, car son autorité sur le Jardin devient, peu à peu, absolue : en 1782, un sieur Favanne de Moncervelle, qui s'est fait un nom en republiant la célèbre *Conchyliologie* de Dezallier d'Argenville, demande au roi un poste de gouverneur du Jardin du Roi ou du Cabinet d'histoire naturelle. Le secrétaire d'État à la Maison du roi, Amelot de Chaillou, consulte Buffon qui répond aussitôt : « Je trouve avec vous que la demande du S. de Favanne n'est pas même vraisemblable, à moins que vous et moi ne consentions à lui laisser notre place ; je ne crois pas que vous y soyez disposé et d'ailleurs ce monsieur la remplirait fort mal si j'en juge par son ouvrage. » En marge de la lettre

Jeanne Antoinette Poisson, marquise de Pompadour (1721-1764), ici peinte par Maurice Quentin De la Tour (1704-1788), tenant un cahier de musique. Près d'elle sont disposés des livres (la *Henriade* de Voltaire, *De l'esprit des lois* de Montesquieu, le tome IV de l'*Encyclopédie*), un globe terrestre, un grand carton contenant des eaux-fortes signées par elle. Le pastel de De la Tour, commencé en 1752, fut exposé au Salon de 1755. À propos de cette œuvre, un critique écrivit : « On dirait que M. de La Tour s'est proposé de faire le portrait d'un Philosophe. » La faveur de Louis XV permet à Mme de Pompadour, belle, spirituelle, cultivée, amie des écrivains et des artistes, d'exercer une véritable influence sur la vie intellectuelle de son temps. Elle protège les Philosophes et donne à la Cour un brillant éclat. À Buffon, qui n'est pas un courtisan empressé, elle déclare un jour, le rencontrant à Marly : « Vous êtes un joli garçon, monsieur de Buffon, on ne vous voit jamais ! » Quelques mois avant sa mort, elle lui envoie son carlin (un petit chien), son perroquet et son sapajou, qui vont enrichir la petite ménagerie de Montbard.

de Buffon, Amelot écrit cette apostille teintée d'un brin d'ironie : « Si M. de Moncervelle revient à la charge, on lui écrira que M. de Buffon ne veut ni égal ni supérieur à lui dans le Jardin du Roi. »

L'Académie des sciences et l'Académie française

Buffon suit d'abord assez assidûment les séances de l'Académie des sciences, qui l'a élu, en 1744, au poste stratégique de trésorier perpétuel, ce qui lui donne le grade de pensionnaire. En tant que tel, et même s'il se fait aider, il a d'importantes tâches à accomplir : établir les comptes de la compagnie et veiller à la conservation et l'entretien des machines et matériels d'expériences à elle confiés. Mais la place comporte aussi, outre le pouvoir qu'elle confère, quelques profits : assez régulièrement, par exemple, le trésorier reçoit en fin d'année le reste non employé des crédits prévus pour les jetons de présence.

En 1753, Buffon est élu, sans avoir fait les visites protocolaires, à l'Académie française et y prononce le 25 août, en guise d'éloge de son prédécesseur, le fameux *Discours sur le style*, très soigneusement préparé. Mais on ne le verra pas très souvent parmi les Quarante.

D'ailleurs, les rapports qu'il entretient avec ses confrères ne sont pas longtemps des meilleurs. « M. de Buffon, écrit quelqu'un, ne vient à Paris que pour toucher ses pensions et prendre les idées de ses confrères de l'Académie. » On le taxera, non sans raison, de hauteur et d'individualisme. En fait, il se heurte assez tôt au clan des « Philosophes », dont il partage pourtant le scepticisme religieux et les conceptions matérialistes appuyées sur le seul témoignage des sens et le refus de considérer l'âme humaine comme une substance spirituelle. Mais, sur le plan social et politique, Buffon est conservateur. Il ne conteste nullement cette société qui a fait de lui un grand seigneur et, quoique parfaitement agnostique, considère qu'il faut une religion pour le peuple. On lui prête ce mot prophétique, prononcé dans les derniers mois de l'Ancien Régime : « Je vois venir un mouvement terrible, et personne pour le diriger. »

On ne connaît qu'une seule lettre de Buffon à d'Alembert (ci-dessous) qui témoigne de leurs relations ambiguës. D'Alembert (ci-dessus), comme la plupart des Encyclopédistes, à l'exception de Diderot (à droite), ne pardonnera jamais à Buffon sa réserve vis-à-vis du clan des Philosophes.

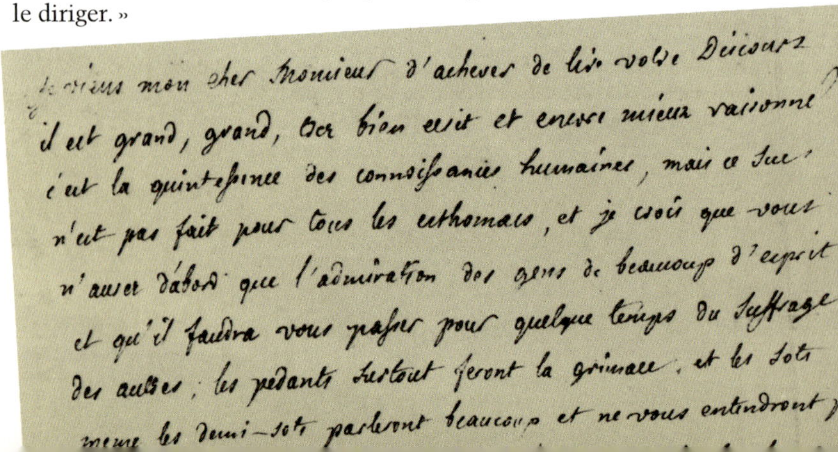

Je viens mon cher Monsieur d'achever de lire votre Discours
il est grand, grand, très bien écrit et encore mieux raisonné
c'est la quintessence des connoissances humaines, mais ce suc
n'est pas fait pour tous les estomacs, et je crois que vous
n'aurez d'abord que l'admiration des gens de beaucoup d'esprit
et qu'il faudra vous passer pour quelque temps du suffrage
des autres ; les pédants surtout feront la grimace, et les sots
même les demi-sots parleront beaucoup et ne vous entendront p

D'autre part, sa position de haut fonctionnaire lui impose une certaine réserve vis-à-vis du pouvoir.

Les rivalités de personnes, aussi, jouent leur rôle. Avec d'Alembert, par exemple, qui dans le Discours préliminaire de l'*Encyclopédie* l'a comparé à Lucrèce et Platon, les relations sont d'abord cordiales, mais elles ne tardent pas à s'aigrir. Buffon n'écrira jamais, pour l'*Encyclopédie,* l'article « Nature », promis et solennellement annoncé. En 1769, lorsque le vieux Grandjean de Fouchy, secrétaire perpétuel de

ENCYCLOPEDIE,
OU
DICTIONNAIRE RAISONNÉ
DES SCIENCES,
DES ARTS ET DES MÉTIERS,
PAR UNE SOCIETÉ DE GENS DE LETTRES.

l'Académie des sciences, demande l'aide d'un adjoint, il ne parvient pas à imposer son ami l'astronome Bailly contre le candidat de D'Alembert, Condorcet, qui l'emporte finalement et, désormais ennemi juré, devient trois ans plus tard secrétaire perpétuel. La même opposition se retrouve à l'Académie française, notamment en 1782, lors de l'élection du même Condorcet contre le même Bailly. Celle-ci provoque une grande colère de Buffon : « Condorcet élu ! Mais

“Je viens, mon cher monsieur, d'achever de lire votre discours. Il est grand, très bien écrit et encore mieux raisonné. C'est la quintessence des connaissances humaines, mais ce suc n'est pas fait pour tous les estomacs, et je crois que vous n'aurez d'abord que l'admiration des gens de beaucoup d'esprit, et qu'il faudra vous passer pour quelque temps du suffrage des autres. [...] Pour moi, j'en suis enchanté, et très flatté de la manière dont vous m'avez traité. Si je n'avais pas l'honneur d'être de vos amis, je vois par votre éloge que je serais digne de l'être.”

Buffon,
lettre à d'Alembert,
20 juin 1751

Condorcet n'a jamais fait que des vers dans les ruelles de femmes ! » L'auteur du *Discours sur le style* ne paraîtra plus jamais chez les Quarante. Ironie du sort, c'est Condorcet, comme secrétaire perpétuel, qui prononcera plus tard devant l'Académie des sciences l'éloge funèbre de Buffon, modèle parfait d'« éreintement » où les perfidies se cachent sous les superlatifs.

Dans les salons du XVIIIe siècle, on rencontre les personnalités à la mode, et l'on écoute la lecture de textes nouveaux (ci-dessus, dans le salon de Mme Geoffrin, le comédien Lekain lisant la tragédie *L'Orphelin de la Chine* de Voltaire). Buffon a fréquenté un temps le salon de Mme Geoffrin (1699-1777), protectrice de Diderot dont elle approuvait les idées mais déplorait les mauvaises manières.

Buffon solitaire

Aux premiers temps de son intendance du Jardin du Roi, Buffon a visité quelques salons parisiens où il était de bon ton de se montrer. Il a paru chez Mme Geoffrin, Mme d'Épinay, Melle de Lespinasse, chez le baron d'Holbach, chez Mme Dupin de Francueil, où il a pu rencontrer Montesquieu, Fontenelle, Voltaire, Marivaux, d'autres écrivains et artistes et d'illustres savants étrangers de passage à Paris, mais s'est vite lassé de ces mondanités. Après quelques années, il ne fréquente plus que ses amis – car il est très fidèle en amitié –, de hauts magistrats ou fonctionnaires, des financiers, quelques rares savants. Diderot est à peu près le seul des « Philosophes » avec lequel il gardera d'assez cordiales relations. On ne le verra plus dans les salons, sauf celui de Mme Necker, à laquelle le lie, sur le tard, une véritable amitié amoureuse. Ennemi des coteries, étranger à la politique, il ne conçoit sûrement pas d'autre gouvernement que monarchique mais, en cela, il n'est pas très original.

« Buffon, écrit Marmontel dans ses *Mémoires,* mal à l'aise avec ses pairs, s'enferma donc chez lui avec ses commensaux ignorants et serviles, n'allant plus ni à l'une ni à l'autre académie, ménageant à part sa

En 1774 Buffon rencontre Mme Necker, née Suzanne Curchod de Nasse (1737-1794), épouse du ministre de Louis XVI (ci-dessous, son portrait gravé vers 1780). La jeune femme tient un salon en son hôtel de la rue de Cléry, où se retrouvent hommes de lettres et de sciences. Une tendre amitié naît entre elle et Buffon. Dans ses lettres, il la nomme « Mon adorable amie » ou « Mon ange de lumière ». Elle, éperdue d'admiration, dira de lui : « Le plus grand miracle de la nature, c'est un homme de génie ; et M. de Buffon ne m'a jamais parlé des merveilles du monde sans me faire penser qu'il en était une. »

fortune chez les ministres et sa réputation dans les cours étrangères d'où, en échange de ses ouvrages, il recevait de beaux présents. » Cela, sans doute, est malveillant, mais il reste vrai que Buffon, indépendant depuis sa jeunesse, devient solitaire en vieillissant. C'est à Montbard, chez lui, qu'il est pleinement heureux. Là, il échappe aux rivalités d'académiciens et aux agitations idéologiques de ceux qu'il appelle les « soi-disant philosophes » ; là, loin des critiques et des jaloux, dans la seule compagnie de sa famille et de ses intimes, il peut administrer tranquillement sa fortune, gérer ses domaines, expérimenter dans ses forges, philosopher en parcourant ses bois et rédiger l'*Histoire naturelle.*

Buffon a toujours aimé la campagne, les arbres, la vie au grand air. À Montbard, où il vit plus de la moitié de l'année, il ne fait pas que gérer ses domaines ; il entretient une petite ménagerie, se livre à des expériences de physique, observe, dicte, rédige son grand œuvre. Au village voisin de Buffon, il fonde une importante forge.

CHAPITRE 3

UN SAVANT À LA CAMPAGNE

En Bourgogne, Buffon est tour à tour naturaliste à Montbard (à droite, une pie-grièche, qu'il a eu l'occasion d'observer) et métallurgiste au village de Buffon (à gauche, la soufflerie de la forge).

L'hôtel de Buffon, le château et le domaine

À Montbard, Buffon habite la maison paternelle, adossée au versant oriental de la butte que couronnent les ruines du château féodal des ducs de Bourgogne. Sans la jeter bas, il l'agrandit par l'adjonction de constructions voisines et la transforme complètement, jusqu'à en faire un hôtel spacieux à un étage, confortable et richement meublé, composé de douze appartements particuliers, d'une salle à manger, d'un salon et d'une salle de jeu, avec de nombreuses pièces de service. Derrière l'hôtel sont les dépendances – écurie, orangerie, kiosque, volière –, en partie casées sur des terrasses qui donnent accès au château.

Car Buffon, excipant, d'assez mauvaise foi sans doute, des droits de la châtellenie de Montbard acquise par son père, annexe en 1734 le vieux château devenu propriété royale (il « régularisera » plus tard). Il fait démolir la majeure partie des ruines, n'en gardant que deux tours, la tour de

Grand propriétaire forestier (ci-dessous, le plan de l'une de ses parcelles, le bois du Grain d'Orge), Buffon tire de ses bois les matériaux de ses expériences scientifiques et le combustible nécessaire à ses forges. Intransigeant sur ses droits, il se trouve plus d'une fois en procès avec la ville de Montbard, mais il est aussi généreux et lui consent, à plusieurs reprises, des dons importants.

l'Aubespin, dont il fait un observatoire, et la tour Saint-Louis, où il installe sa bibliothèque et son cabinet de travail. De très considérables travaux remplacent par de beaux jardins les anciennes constructions disparues et relient, par une série de treize terrasses formant escalier, le sommet de la colline à l'hôtel situé au pied de celle-ci. Ces embellissements coûtent beaucoup d'argent et occupent pendant six ou sept années cent à cent cinquante ouvriers; Buffon devient, par eux, le principal employeur du pays: « Souvenez-vous, dit-il à un proche, que mes jardins sont un prétexte pour faire l'aumône. » Sur le versant exposé au midi, sept terrasses sont créées sur une dénivellation d'une vingtaine de mètres et aménagées en un vaste jardin potager.

Au nord de Montbard, les terres du village de Buffon, naguère acquises par Benjamin François Leclerc, vendues, puis rachetées par son fils, vont abriter les forges. D'autres terres, celles de la Mairie et des Berges, entre autres, s'y ajoutent. En 1784, Buffon achète, pour 200 000 livres, le domaine de Quincy, qui lui confère le titre de vicomte de Tonnerre et de Quincy et consiste en un château de quarante-cinq pièces avec dépendances, 650 arpents

❝De la maison nous parcourûmes les jardins, qui s'élèvent au-dessus. Ils sont composés de treize terrasses, aussi irrégulières dans leur genre que la maison, mais d'où l'on découvre une vue immense, de magnifiques aspects, des prairies coupées par des rivières, des vignobles, des coteaux brillants de culture, et toute la ville de Montbard; ces jardins sont mêlés de plantations, de quinconces, de pins, de platanes, de sycomores, de charmilles, et toujours des fleurs parmi les arbres.❞

Hérault de Séchelles, *Voyage à Montbard*, 1785

[Ci-dessus, la colline de Montbard et les jardins de Buffon, sur le versant sud, en 1782.]

Côté cour, la façade de l'hôtel de Buffon (ci-dessus) est serrée au pied de la colline de Montbard. Au premier plan, la première des terrasses.

de bois, des prés, vignes, terres labourables, deux moulins, deux fermes, un four banal. Buffon gère avec beaucoup d'attention son patrimoine terrien et l'accroît, parcelle après parcelle. À la veille de sa mort, son seul domaine forestier couvre 3 000 arpents, soit plus de 1 000 hectares.

La fortune de Buffon

Le vaste patrimoine de Buffon, ses activités multiples produisent, vers 1780, un revenu annuel global d'environ 80 000 livres, auquel s'ajoutent les produits de la vente de l'*Histoire naturelle.* Sans atteindre à la richesse des grands aristocrates de l'Ancien Régime finissant, le seigneur de Montbard dispose donc d'une très confortable fortune, comparable à celle des principaux notables de sa province bourguignonne.

Son rapport à l'argent, d'ailleurs, est complexe : il perçoit avec exactitude les redevances attachées à ses prérogatives seigneuriales et, le cas échéant, ne recule pas devant un procès. Il sait se montrer généreux, à plusieurs reprises, mais demeure intransigeant quand il s'agit de ses droits : « Depuis trente ans, écrit-il à la fin de sa vie, j'ai mis un si grand ordre dans l'emploi de ma fortune et dans celui de mon temps, que j'ai toujours de l'argent en réserve et du temps à donner à mes amis. »

Marie Françoise de Saint-Belin Malain (1732-1769) a été élevée au couvent des Ursulines de Montbard, où elle attendait sans doute un hypothétique mariage. Elle est pour Buffon une épouse parfaite et une maîtresse de maison accomplie. En 1754 , elle met au monde un fils, Georges Marie Louis (à gauche, à l'âge de sept ans). De santé fragile, Mme de Buffon disparaît après seize années de mariage.

Famille et familiers

À l'hôtel de Montbard vivent, avec le naturaliste, sa famille proche et ses domestiques. On y voit constamment quelques familiers qui sont ses collaborateurs, à un titre ou à un autre, et quelques visiteurs qui sont parfois des admirateurs et presque toujours des amis.

Depuis 1752, Buffon est marié. À quarante-cinq ans, il a épousé une demoiselle de dix-neuf ans, Marie Françoise de Saint-Belin Malain, jolie et de bonne noblesse mais absolument sans fortune. Buffon l'a, dit-on, rencontrée au couvent des Ursulines de Montbard, dont sa sœur est la supérieure. Ce mariage de province le met à l'abri des conflits et intrigues qui divisent souvent les grandes familles de Paris et de la Cour. Mme de Buffon, sauvée du couvent par le grand homme qu'est son époux, a pour celui-ci beaucoup de reconnaissance et d'admiration ; elle l'entoure de soins attentifs. Lui témoigne envers elle d'une réelle affection et, s'il n'est pas d'une fidélité à toute épreuve, lui est sûrement attaché.

Mme de Buffon lui donnera deux enfants : une petite fille née en 1758, après six années de mariage, qui ne vivra que quelques mois ; puis un fils, Georges Marie Louis, bientôt dit « Buffonet », né en 1764 et dont l'existence est beaucoup moins heureuse que celle de son père : elle se termine tragiquement, le 10 juillet 1794, sur l'échafaud. Il meurt sans postérité.

L'hôtel de Montbard abrite aussi, après 1770, le père de Buffon, veuf pour la seconde fois. Entre les deux hommes, les rapports ont souvent été difficiles et, pour obtenir l'hospitalité de son fils, Benjamin François Leclerc a dû signer un acte faisant de son premier-né son légataire universel; il meurt en 1775, à quatre-vingt-douze ans. Les enfants de son second mariage, Pierre, dit le chevalier de Buffon, et surtout Antoinette, vive et charmante épouse de Benjamin Edme Nadault, conseiller au parlement de Bourgogne, sont aussi des commensaux habituels.

L'hôtel est gouverné, surtout après la mort de la comtesse de Buffon, par Marie Blesseau, paysanne sans instruction mais jolie, intelligente et dévouée corps et âme à son maître, pour lequel elle est sans doute un peu plus qu'une employée. Elle dirige toute la maison, où servent une dizaine de domestiques. Il y a aussi le secrétaire; Buffon en aura successivement plusieurs, Trécourt et Humbert-Bazile entre autres.

On voit souvent, au dîner, le père Ignace Bougot, capucin petit, gras et sale, au sourire hypocrite et rusé. Né à Dijon en 1721, ce curieux personnage a débuté dans la vie en suivant une troupe de saltimbanques. Devenu capucin, il s'est insinué dans les bonnes grâces de Buffon, qu'il flatte et amuse. Le naturaliste l'a choisi pour chapelain et a fait créer pour lui une cure au village de Buffon. Le père Ignace y vit très confortablement avec son chien, son chat et son perroquet. À Buffon, il est l'homme d'affaires du seigneur de Montbard, dont il perçoit les fermages et surveille les intérêts. Au nombre des familiers figurent aussi le ménage de Georges Louis Daubenton, maire de Montbard, et celui de Philibert Guéneau de Montbeillard, ami de longue date, ainsi que le médecin Barbuot, plusieurs fois appelé au chevet de Mme de Buffon, que l'intendant du Jardin du Roi fera anoblir par Louis XVI.

Trois visiteurs de Buffon à Montbard (ci-dessus, de gauche à droite): Charles De Brosses (1709-1777), magistrat à Dijon, ami de jeunesse; Claude Adrien Helvétius (1715-1771), philosophe matérialiste; Marie Jean Hérault de Séchelles (1759-1794), magistrat.

Durant les mois d'été, il y a beaucoup d'animation dans la demeure de Montbard, mais les visiteurs étrangers au cercle des intimes deviennent, au fil des années, plus rares. Quelques-uns ont laissé, dans la mémoire des contemporains, une trace de leur passage; parmi eux, Helvétius, qui passe, à l'automne de 1739, plus de deux mois à l'hôtel de Buffon, et Rousseau, venu en 1770 rendre visite au grand homme qu'il admire depuis longtemps et qui, dit-on,

baise le seuil du cabinet de travail de la tour Saint-Louis. L'un des derniers est Hérault de Séchelles, dont le *Voyage à Montbard,* manière de reportage parue en 1785, où se mêlent l'ironie et l'admiration, nous a conservé maints détails sur la vie de Buffon devenu vieux en son domaine bourguignon.

«Le cabinet est carrelé, boisé et tapissé des images des oiseaux et de quelques quadrupèdes de l'*Histoire naturelle*. [...] Le secrétaire où il travaille est dans le fond de l'appartement, auprès de la cheminée. C'est une pièce grossière de bois de noyer. Il était ouvert; on ne voyait que le manuscrit dont Buffon s'occupait alors: c'était un Traité de l'aimant. À côté était sa plume [...]. En face, le fauteuil où il s'assied, antique et mauvais fauteuil [...]. Devant lui, sur la muraille, la gravure de Newton. [...] Là ont été enfantés presque tous ses ouvrages.»

Hérault de Séchelles

Un emploi du temps bien réglé

Levé de grand matin, vers 5 heures, le comte de Buffon passe sa belle robe de chambre de damas ornée de larges fleurs et s'assied à une petite table pour écrire, ou appelle son secrétaire : quoique ayant la vue basse, il ne se sert pas de lunettes et dicte volontiers. Vers 8 heures, Marie Blesseau vient prendre les ordres pour la journée et apporte les comptes de la maison ; Buffon se fait raser et friser ; le valet de chambre lui lave les pieds dans un bassin d'argent. Puis le grand homme déjeune d'un morceau de pain et d'un verre de Bourgogne, il s'habille et, vêtu de son costume habituel, un habit de velours rouge sur une veste de soie mordorée, les poignets couverts des fameuses manchettes de dentelle, il monte, par les treize terrasses du parc, jusqu'à son cabinet dans la tour Saint-Louis. Là, pendant quatre

La description, par Buffon, de certains animaux doit beaucoup à l'observation directe. Ainsi en est-il de la buse (ci-dessous), oiseau commun en Bourgogne (on a voulu reconnaître la tour de Montbard dans la construction qui figure à l'arrière-plan de cette gravure).

« Cet oiseau demeure pendant toute l'année dans nos forêts ; il paraît assez stupide, soit dans l'état de domesticité, soit dans celui de liberté ; il est assez sédentaire et même paresseux ; il reste souvent plusieurs heures de suite perché sur le même arbre ; son nid est construit de petites branches, et garni en dedans de laine ou d'autres petits matériaux légers et mollets ; la buse pond deux ou trois œufs qui sont blanchâtres, tachetés de jaune ; elle élève et soigne ses petits plus longtemps que les autres oiseaux de proie, qui presque tous les chassent avant qu'ils soient en état de se pourvoir aisément [...]. Cet oiseau de rapine ne saisit pas sa proie au vol, il reste sur un arbre, un buisson ou une motte de terre, et de là se jette sur tout le petit gibier qui passe à sa portée [...] ; il se nourrit aussi de grenouilles, de lézards, de serpents, de sauterelles, etc., lorsque le gibier lui manque. »

Histoire naturelle des oiseaux, t. I, 1770

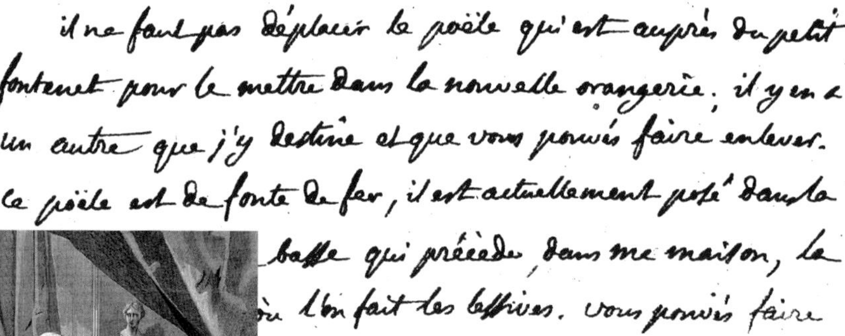
il ne faut pas déplacer le poële qui est auprès du petit
fontenet pour le mettre dans la nouvelle orangerie; il y en a
un autre que j'y destine et que vous pouvés faire enlever.
ce poële est de fonte de fer, il est actuellement posé dans la
basse qui précède, dans ma maison, la
où l'on fait les lessives. vous pouvés faire

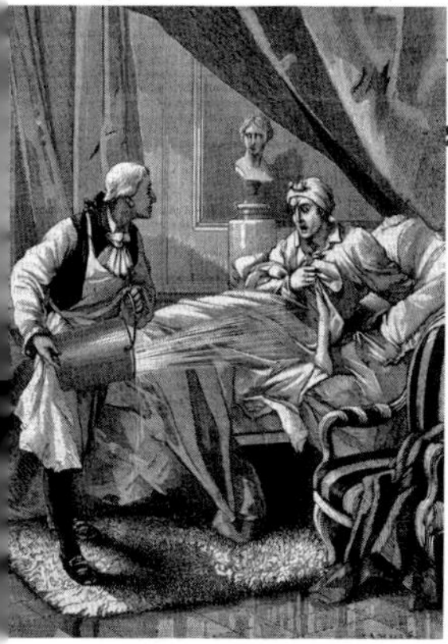

ou cinq heures, seul ou avec son secrétaire, il travaille. Le dîner, plantureux et toujours magnifiquement servi, dure de 14 à 16 heures; le cuisinier, Guénot, est l'un des meilleurs de France, mais Buffon, sujet depuis 1750 à de très douloureuses crises de gravelle, est contraint à l'observation d'un régime de plus en plus frugal au fil des ans. Après le dîner, courte sieste et promenade solitaire. Vers 17 heures, retour au travail, gestion des biens, correspondance. Buffon ne soupe pas. S'il a des invités, il paraît un moment au salon et se retire vers 22 heures.

Les instructions détaillées (ci-dessus) que Buffon adresse régulièrement de Paris à son secrétaire Trécourt témoignent de l'attention avec laquelle il gère ses propriétés.

Gros dormeur dans sa jeunesse, Buffon a lui-même raconté que, pour ne pas perdre un temps précieux à donner au travail, il avait promis un écu à son domestique Joseph chaque fois que celui-ci réussirait à le faire lever à l'heure (en été, vers 5 heures). Selon la légende, Joseph, qui servit Buffon pendant soixante-cinq ans, aurait un jour gagné son écu en aspergeant son maître d'eau froide. Buffon a écrit : « Je dois à Joseph trois ou quatre volumes de l'*Histoire naturelle.* » À gauche, une gravure parue dans *La Science populaire* en 1880 illustre le fameux épisode.

Des animaux dans la maison

Au XVIIIe siècle, le Jardin du Roi n'a de collections vivantes que botaniques. Il faut, pour voir de rares animaux sauvages vivants, se rendre à la ménagerie de Versailles. Pour nourrir l'*Histoire naturelle* de ses observations, Buffon entretient donc dans ses jardins de Montbard des volières où vivent diverses espèces d'oiseaux, de celles du moins qui sont capables de supporter les hivers bourguignons. Il élève aussi quelques mammifères sauvages qu'on lui a donnés ou qu'il s'est procuré : loups, renards, blaireaux, fouines, qui se déplacent en semi-liberté et dont le naturaliste se sert à l'occasion pour des expériences sur le croisement, possible ou non, des espèces animales. Le pensionnaire le plus célèbre de cette petite ménagerie est une guenon, rapportée de Barbarie, qui paraît jusque dans le salon et, pour la plus grande joie des visiteurs, grimpe aux arbres du jardin coiffée du chapeau du maître de maison.

Dans la campagne bourguignonne, dans ses bois, Buffon observe aussi les espèces qu'il peut apercevoir en liberté. Sur les mœurs de celles-ci, sur leur habitat, il note des détails qui relèvent de ce qu'on appellerait aujourd'hui l'écologie : ainsi a-t-il bien vu et compris le rôle que le geai, en transportant et dispersant les glands, joue dans le développement d'une forêt de chênes (*Oiseaux*, t. III, 1775, p. 110).

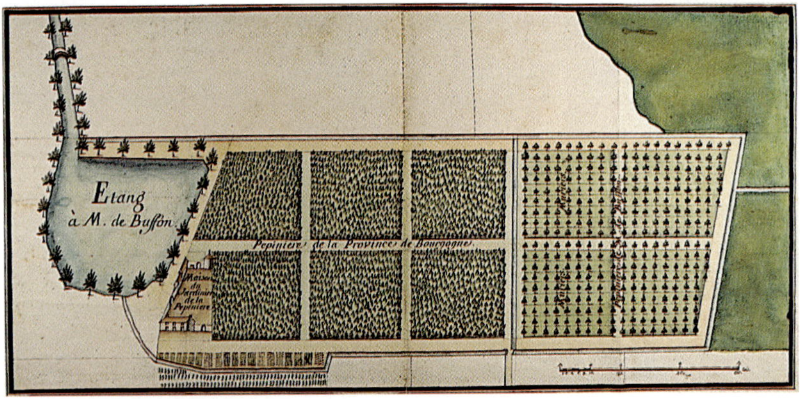

En 1724, Louis XV a décidé que l'on prendrait, dans chaque bailliage, deux arpents « pour y faire des pépinières de toutes sortes d'arbres qui seraient distribués gratuitement à ceux qui en auraient besoin, soit pour leurs héritages, soit pour planter le long des grands chemins afin que l'on puisse conserver et même accroître le nombre des fruits pour [...] le soulagement des pauvres ». Buffon ne peut manquer l'occasion d'une recherche intéressante, doublée d'une bonne affaire. Pendant toutes les années d'existence de la pépinière de Montbard, il ne cesse de stimuler le zèle des états de Bourgogne, n'hésitant pas à faire intervenir le contrôleur général des Finances Philibert Orry (1689-1747).

La pépinière de Montbard

En 1734, Buffon, alors occupé par ses expériences sur le bois, crée à Montbard une pépinière : il achète un pré, y sème des arbres et, deux ans plus tard, fait l'acquisition d'un étang voisin capable de fournir l'eau en abondance. La même année 1736, il persuade les états de Bourgogne de la nécessité pour eux, afin de répondre aux instructions royales, de disposer, à Montbard, d'une pépinière, et il vend à la province celle qu'il a créée, non sans s'en faire confirmer la direction, rétribuée. Il s'occupe activement du nouvel établissement, étend même son action au mûrier blanc sur une parcelle lui appartenant, elle aussi acquise, en 1742, par la province de Bourgogne. La pépinière fournit chaque année des milliers de plants d'essences forestières ou de parc, jusqu'à 12 320 en 1745, mais elle coûte cher et, au fil des ans, se détourne toujours davantage de son objectif premier, qui était de fournir aux pauvres des arbres fruitiers. Le gouvernement de la province se lasse et la pépinière est finalement vendue aux enchères, en janvier 1776. Pendant une bonne dizaine d'années, elle a procuré à Buffon des matériaux d'expérience, d'utiles relations parmi les grands propriétaires fonciers de son voisinage et de confortables revenus.

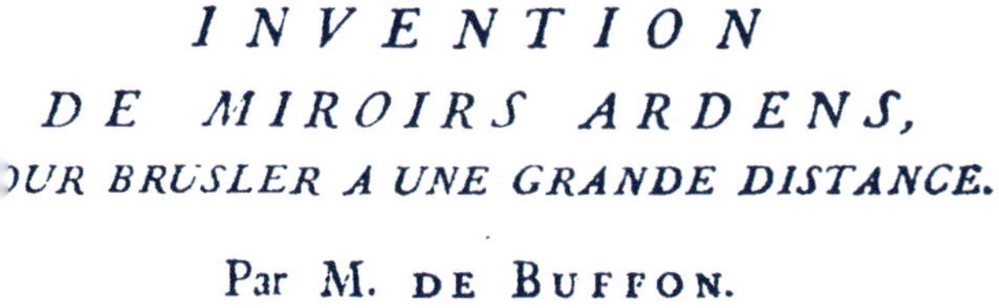
INVENTION
DE MIROIRS ARDENS,
)UR BRUSLER A UNE GRANDE DISTANCE.
Par M. DE BUFFON.

Pour ses expériences sur les rapports entre la lumière et la chaleur, Buffon construit une série de miroirs composés de petites glaces étamées. Celles-ci sont mobiles afin de renvoyer la lumière du soleil vers le même point. Ci-dessous, une lentille à échelons,

représentée tournée vers le soleil pour mettre le feu (*Histoire naturelle, Suppléments*, t. I, 1774, pl. XV). À gauche, deux miroirs à foyer variable, conçus par le physicien Jacques Charles (1746-1823) d'après ceux utilisés par Buffon.

Miroirs ardents et paratonnerre

Un peu avant 1750, Buffon a commencé de s'intéresser aux « miroirs ardents », dont l'inventeur, Archimède, s'est servi en l'an 212 avant Jésus-Christ pour mettre le feu à la flotte romaine qui assiégeait Syracuse. Il construit plusieurs miroirs concaves carrés, dont l'un mesure environ 1,80 mètre de côté, et réussit à incendier des bâtiments en bois éloignés de plusieurs dizaines de mètres ainsi qu'à fondre du fer à une distance de trois mètres. Une démonstration publique est organisée au château de

L'architecture des forges de Montbard est à la mesure des investissements colossaux (330 000 livres tournois, soit environ 1,5 million d'euros) consentis par Buffon pour leur établissement. L'escalier du haut-fourneau (ci-contre) est si majestueux, avec sa double volée de marches, qu'on l'a comparé au grand escalier édifié en 1733, à Dijon, par l'architecte Jacques V Gabriel, pour le palais des États de Bourgogne. Cette monumentalité est toutefois parfaitement fonctionnelle : l'escalier relie les deux niveaux de l'établissement; ses deux paliers, permettent d'assister à la coulée de la fonte, recueillie dans un moule de sable. Face à l'escalier, le haut-fourneau, contenu dans une tour de maçonnerie d'environ sept mètres de haut, fonctionne sans s'éteindre, de l'automne au printemps. L'un des objectifs de Buffon est de produire du fer aussi pur que possible. Comme beaucoup de ses contemporains il croit, à tort, que l'acier est du fer d'une extrême pureté. C'est le mémoire de Berthollet, Vandermonde et Monge, *Sur les différents états du fer*, publié en 1786, qui établira la vérité.

la Muette, en présence de Louis XV, et obtient un grand succès. Buffon, cette fois qualifié de « nouvel Archimède », ne manque jamais une occasion de se faire de la publicité, mais sans négliger la science : les miroirs ardents sont aussi pour lui l'occasion de réfléchir aux rapports entre la lumière et la chaleur.

Comme beaucoup d'autres savants de son époque, il est très curieux de tout ce qui touche à l'électricité et, le 19 mai 1752, en plaçant un paratonnerre sur sa maison de Montbard, il vérifie l'hypothèse avancée un peu plus tôt par Benjamin Franklin, sur l'identité de la foudre et de l'électricité. C'est, en France, la première expérience du genre.

Buffon maître de forges

Tout au long de sa vie, Buffon se montre habile dans l'art de mettre la science appliquée au service de ses entreprises. En janvier 1768, il écrit à son ami De Brosses : « M'étant occupé pendant l'été et l'automne d'expériences sur la chaleur et particulièrement sur l'action du feu par rapport au fer, je suis venu à bout de faire avec nos plus mauvaises mines de Bourgogne

du fer d'aussi bonne et meilleure qualité que celui de Suède et d'Espagne. Cette découverte sera certainement utile à l'État, et pour en tirer quelque profit pour moi-même, je me suis déterminé à établir une forge, d'autant que j'ai suffisamment de bois. » Le mois suivant, il obtient par lettres patentes les autorisations nécessaires et, à un quart de lieue du village de Buffon, entreprend la construction, qui prendra plus de trois ans, d'un véritable complexe industriel capable d'assurer jusqu'au produit fini tous les stades de l'élaboration du fer.

Buffon, qui s'est entouré des conseils de maîtres de forges réputés, Rigoley, Grignon, Jars, a vu grand. Les bâtiments sont distribués sur deux niveaux : au niveau inférieur, les lavoirs à minerai, le haut fourneau, la forge, la fenderie et le martinet sont établis sur une dérivation de l'Armançon, dont l'eau fait tourner onze roues mettant en action l'ensemble des machineries ; au niveau supérieur, solidement établis sur le rocher, les logements des ouvriers, la demeure du maître de forges, les remises et magasins disposés autour d'une vaste cour. Le tout a grande allure.

Alors que la plupart des forges existant au XVIIIe siècle en Bourgogne ont été construites sans ordre ni logique, Buffon a conçu son établissement suivant un plan fonctionnel : les différents bâtiments (à droite) s'ordonnent parallèlement, suivant les phases successives de la production, de la réduction du minerai à la fabrication des produits semi-finis. Ces bâtiments sont séparés les uns des autres par des canaux. Onze roues hydrauliques fournissent la force motrice. À gauche sont regroupés les logements de Buffon, du maître fondeur, du maître affineur et des ouvriers.

L'entreprise est l'une des plus importantes de France; elle emploie jusqu'à quatre cents ouvriers et se montre capable, vers 1780, de produire 400 tonnes de fonte et d'en tirer, après affinage, 225 tonnes de fer vendues sous diverses formes. Elle fournit des ferronneries et rampes d'escalier pour l'hôtel de Montbard et les grilles du Jardin du Roi à Paris. Buffon la gère avec attention et s'élève contre les droits et taxes qui grèvent l'activité des forges du royaume.

Mais celles-ci sont d'abord pour lui un laboratoire. Le ministre de la Marine lui demande d'étudier l'amélioration possible des canons, mais son rapport, remis en 1770 après deux années de travail, reste sans suite, le ministère ayant, dans l'intervalle, changé de titulaire. Surtout, il conduit dans ses forges des recherches personnelles appuyées sur un grand nombre d'expériences. Celles-ci concernent en particulier les effets de la chaleur obscure (manière d'aborder le problème de la nature du feu), la durée de l'incandescence, les phénomènes du refroidissement. Les résultats, soigneusement consignés, nourriront l'*Histoire naturelle.*

Buffon dirige d'abord personnellement son établissement métallurgique puis, de plus en plus chargé de travail, il l'afferme en 1777 à Chesneau de Lauberdières. Mais celui-ci disparaît en 1785 avec la caisse de l'entreprise, après avoir mis les forêts

Dans la forge d'affinerie, la fonte provenant du haut fourneau est convertie en fer. Le métal en barre ainsi obtenu est alors soit vendu tel quel aux négociants en fer ou aux artisans locaux (à droite, un bulletin de livraison), soit transformé en produits semi-finis à la fenderie (verges rondes), à la batterie (tôles) ou au martinet (outillages divers). Ci-dessous, ce martinet dit « de platinerie » date du XIXe siècle. Les forges de Montbard fonctionneront en effet jusqu'en 1868.

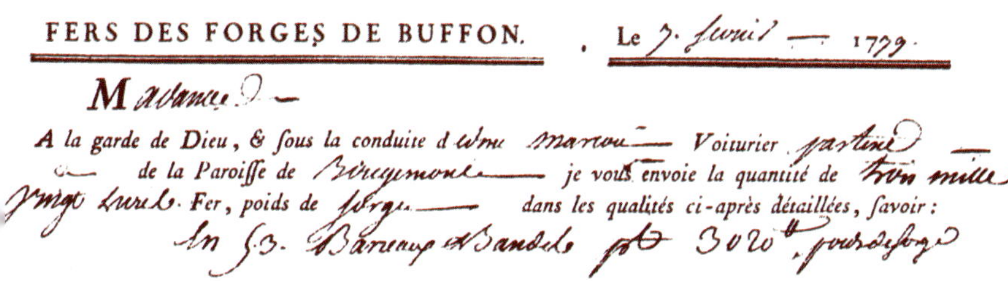

FERS DES FORGES DE BUFFON. Le 7. Juin — 1779.

Madame —

A la garde de Dieu, & sous la conduite d'Wm Marion — Voiturier partine — de la Paroisse de Bourgmont — je vous envoie la quantité de trois mille vingt livres Fer, poids de forge — dans les qualités ci-après détaillées, savoir :

an 53. Barreaux et Bandes pt 3020 ft, poids de forge

au pillage. Buffon doit donc reprendre la gestion directe des forges, dont l'activité est désormais réduite (elles seront vendues en 1791). Jusqu'à la fin de sa vie, il s'est intéressé à la métallurgie. Pour pallier la raréfaction du bois de chauffe, il fait des recherches sur l'utilisation du charbon de terre et, en 1780, participe à la création d'une société fondée sous les auspices de Necker en vue de fabriquer du coke utilisable dans les hauts-fourneaux. Cette société, d'ailleurs, fait faillite, faute de trouver en France des charbons adaptés.

L'existence de Buffon, qui paraît depuis 1739 divisée en deux parties séparées par la distance et par la nature des occupations, présente en réalité une unité profonde. Sur les bords de la Seine comme en Bourgogne, Buffon reste attentif à tout ce qui peut enrichir sa pensée et servir son œuvre. L'intendant du Jardin du Roi et le grand propriétaire de Montbard sont donc également les auteurs de l'*Histoire naturelle*.

Les forges de Montbard sont aussi pour Buffon un laboratoire de science appliquée (ci-dessus, une gravure de l'*Histoire naturelle* le représente assis, étudiant le métal incandescent extrait du four). Buffon produit notamment des sphères de différentes tailles, formées de minéraux supposés être ceux de l'origine de la Terre. Il compare leur durée respective de refroidissement, à température ambiante. Par extrapolation, il calculera le temps écoulé depuis la création du globe terrestre, autrement dit l'âge de la Terre.

La Panthere femelle. Tom. IX. p. 188.

Dans la vie de Buffon, l'*Histoire naturelle* a tenu une place considérable. À cet ouvrage monumental il a consacré, presque cinquante années durant, une grande part de ses forces, de son intelligence et de son talent. Il l'a enrichi de toute l'expérience acquise au Jardin du Roi et à Montbard, de tout le savoir puisé dans les livres et dans une vaste correspondance, de toute la réflexion d'un esprit qui a beaucoup médité.

CHAPITRE 4

« HISTOIRE NATURELLE »

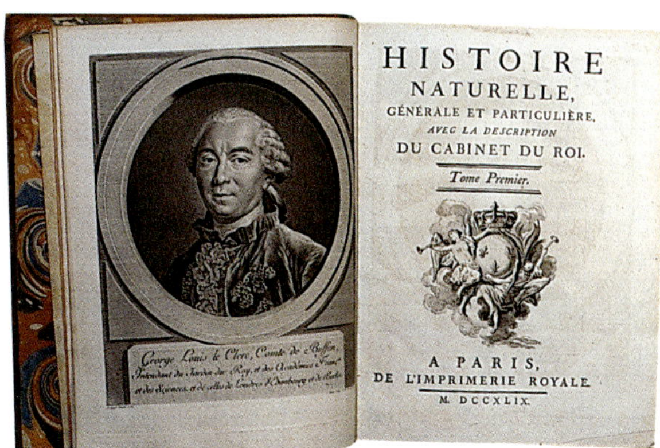

En 1749, Buffon entame la publication de son grand œuvre (à droite, le frontispice du premier volume de l'*Histoire naturelle*). Il confie au dessinateur et graveur Jacques de Sève (1742-1788) la réalisation des illustrations. Aux représentations en pied des animaux (à gauche, la panthère), souvent insérés dans un décor fantaisiste et atemporel, s'ajoutent des planches anatomiques.

L'histoire naturelle en France, au milieu du XVIIIe siècle

Au XVIIIe siècle, l'« histoire naturelle » désigne une description de la nature ; au siècle suivant on parlera plus volontiers de « sciences naturelles », lesquelles ne voudront plus se contenter de décrire.

Au moment où Buffon entre en scène, et malgré les progrès réalisés à la fin du siècle précédent, grâce notamment à l'apparition du microscope, l'étude de la nature est loin encore d'avoir atteint un stade véritablement scientifique. Mal dégagée de préoccupations jusque-là d'abord médicales, elle peine à organiser les données, de plus en plus nombreuses, procurées par l'exploration de la planète ; elle consiste encore trop souvent en descriptions influencées par la tradition des Anciens, au nom de laquelle on répète des légendes ou des erreurs, ou par les a priori métaphysiques qu'impose une lecture littérale de la création du monde telle que la rapporte le récit de la Genèse.

Vers 1730, l'histoire naturelle vient à peine d'abandonner la thèse mécaniste, conception évidemment erronée héritée de la philosophie cartésienne, dans laquelle les organismes vivants sont considérés comme de pures machines, soumises aux seules lois de la physique et de la chimie. Elle est tiraillée en plusieurs sens par des courants divers, parfois contradictoires : la phobie des « systèmes » qui pousse les savants à ne plus vouloir regarder que les faits ; le souci affirmé de l'expérimentation en même temps qu'un goût très vif de celle-ci ; une métaphysique envahissante qui prétend admirer la sagesse de Dieu partout dans sa création et spécialement dans les insectes

CAROLI LINNÆI
Naturæ Curiosorum Dioscoridis Secundi
SYSTEMA NATURÆ

L'esprit de système s'impose en botanique avec Carl von Linné (1707-1778). Dans son *Systema naturæ* (1735), le naturaliste suédois élabore un système de classification des êtres vivants fondé sur un nombre limité de caractères liés à la reproduction et invente la nomenclature binaire où plantes et animaux sont désignés par un double nom latin qui indique le genre et l'espèce. Buffon récuse violemment ce système, qu'il juge arbitraire et erroné.

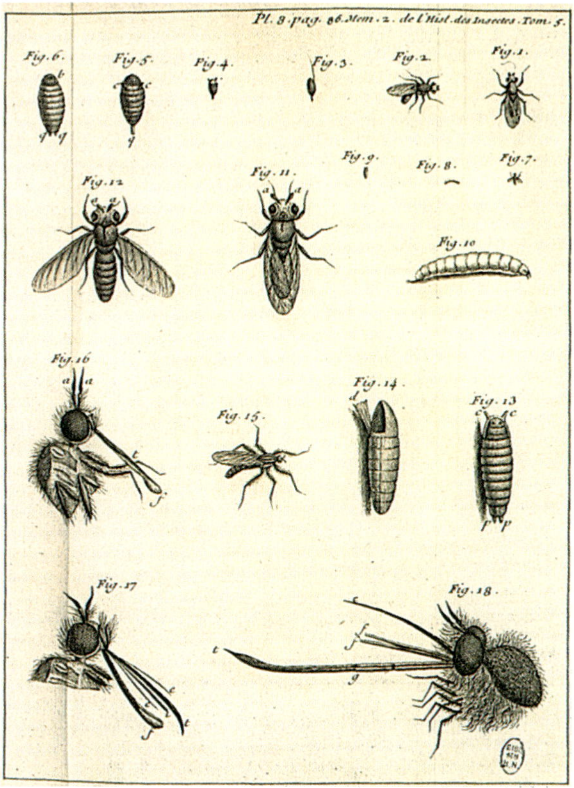

et les infiniment petits lesquels, sous le microscope, révèlent des merveilles d'organisation ; la croyance établie en l'uniformité des lois de la nature, ébranlée cependant par quelques découvertes nouvelles, très déconcertantes : celle, par exemple, vers 1740, de la faculté qu'a l'hydre d'eau douce, petit invertébré qui ressemble à une plante, de régénérer les parties dont elle a été amputée.

Depuis près d'un siècle, enfin, des débats philosophiques autant que scientifiques opposent naturalistes et médecins sur le difficile problème de la « génération » (la reproduction) des animaux, encore insoluble faute de matériel d'observation et d'outils intellectuels suffisants.

Entre 1734 et 1742, René Antoine Ferchault de Réaumur (1683-1757) publie ses *Mémoires pour servir à l'histoire des insectes*, six gros volumes illustrés (planche ci-contre) qui attestent les progrès considérables de l'entomologie depuis le début du XVIIIe siècle. Observateur méthodique, Réaumur y développe de longues descriptions admiratives des caractéristiques et des mœurs des insectes. Avec Buffon, les rapports sont exécrables : outre les querelles d'ambition, le naturaliste reproche notamment à Réaumur sa vision morale : « Y a-t-il en effet rien de plus gratuit que cette admiration pour les mouches, et que ces vues morales qu'on voudrait leur prêter, que cet amour du bien commun qu'on leur suppose, que cet instinct singulier qui équivaut à la géométrie la plus sublime, instinct qu'on leur a nouvellement accordé, par lequel les abeilles résolvent, sans hésiter, le problème de *bâtir le plus solidement qu'il soit possible dans le moindre espace possible et avec la plus grande économie possible !* [citation du texte de Réaumur] [...] Ce n'est point la curiosité que je blâme ici, ce sont les raisonnements et les exclamations [...] c'est la morale, c'est la théologie des insectes que je ne puis entendre prêcher » (*Histoire naturelle*, t. IV, 1753).

Une œuvre grandiose, longuement préparée

Au nouvel intendant du Jardin du Roi, Maurepas, son ministre de tutelle, a demandé une description du Cabinet du Roi, un ouvrage qui, dans son esprit, doit être un monument à la gloire de Louis XV, souverain régnant. Buffon ne peut qu'obtempérer mais, tout de suite, il voit grand. Loin de se limiter aux seules collections du Cabinet du Roi, il fait le projet de peindre la nature tout entière dans une fresque unique et grandiose, de tenter d'expliquer à la fois la naissance de notre Terre et la vie qui s'y est développée. Pour entreprendre cette œuvre

Buffon attache beaucoup d'importance aux illustrations, dont il surveille avec soin l'exécution (ci-dessous, à gauche, La Fouine, dessin original de Jacques de Sève pour l'*Histoire naturelle*).

14 avril 1779.
Liste des Dessins
pour le 7e vol. des Oiseaux
total 28. faits.
Le Pic verd.
Le Pic noir.
Le Barbu.
Le Tamatia.
Le Toucan.
Le Cassican.
Le Calao.
Le Martinpêcheu
Le Todier.
La Cigogne.
L'Oiseau Royal.

Certains de ses contemporains reprochent à Buffon un style déclamatoire, dont l'habitude de dicter a été rendue en partie responsable (ci-contre, cette peinture du XIXe siècle le montre lisant les premiers feuillets de l'*Histoire naturelle* devant Bernard de Jussieu et Daubenton). D'Alembert, qui le déteste, le traite de « grand phrasier » ; Rivarol, paraphrasant le songe d'Athalie de Racine, se moque de « ce style apprêté / dont il eut soin de peindre et d'orner son ouvrage » ; Daubenton lui-même, sans nommer Buffon, le critique sur ce point : « Le style pompeux séduit la plupart des lecteurs, on y applaudit ; mais ceux qui examinent le fond reconnaissent bientôt que la nature est apprêtée, alors l'historien perd la confiance des naturalistes. » Pourtant l'écriture de Buffon est sûrement l'aspect de son œuvre le moins contesté. Même si celle-ci est grave ou noble, elle ne sacrifie rien à l'enchaînement clair des idées, à la propriété des termes, et le vocabulaire ne contient que peu de mots rares. Diderot, parlant du style de Buffon, le juge « large, majestueux, harmonieux, abondant, noble, plein d'images tantôt délicates, tantôt sublimes » et Rousseau déclare de son côté : « C'est la plus belle plume de son siècle. Je ne doute point que ce soit là le jugement de la postérité. »

magistrale, il s'entoure de quelques collaborateurs bien choisis, au premier rang desquels son compatriote Daubenton, garde du Cabinet d'histoire naturelle du Jardin du Roi et très bon anatomiste.

L'*Histoire naturelle* va absorber désormais chaque moment que laisse à Buffon la conduite du Jardin du Roi, celle de ses forges et l'administration de ses biens. « J'ai passé cinquante ans à mon bureau », déclare-t-il à un admirateur. Plusieurs années de travail intensif et de réflexion précèdent la parution des premiers volumes ; l'effort est à la mesure de l'entreprise. Encore l'auteur a-t-il sous-estimé l'ampleur de celle-ci : dans le prospectus de l'ouvrage, résumé en octobre 1748 par le *Journal des savants,* quinze volumes sont prévus dont neuf pour les animaux, trois pour les végétaux et trois pour les minéraux. En fait, lorsque Buffon disparaîtra, en avril 1788, trente-cinq gros volumes in-4° auront été publiés, un trente-sixième sera sous presse et le plan original n'aura pas été entièrement rempli.

Œuvre commandée par le gouvernement, l'*Histoire naturelle* est imprimée par l'Imprimerie royale. Elle est une des grandes entreprises éditoriales du siècle, rivale de l'*Encyclopédie* de Diderot et d'Alembert, publiée de 1751 à 1772 en dix-sept volumes de texte et onze de planches, par les soins de libraires privés.

Les grandes divisions de l'« Histoire naturelle »

Telle qu'elle se présente à nous, l'œuvre est divisée en plusieurs grandes parties, successivement ou parallèlement éditées. À l'automne de 1749, comme les trois coups qui, au théâtre, marquent le lever du rideau, les trois premiers volumes de l'*Histoire naturelle, générale et particulière, avec la Description du Cabinet du Roi,* paraissent en même temps ; Buffon y a placé des textes particulièrement importants. En tête du premier volume, on trouve, majestueuse introduction, un premier « discours » intitulé : « De la manière d'étudier l'histoire naturelle », puis la « Théorie de la Terre » et les « Preuves », c'est-à-dire le dossier scientifique de celle-ci. Le deuxième volume est consacré à une

Le texte de l'*Histoire naturelle,* imprimé avec beaucoup de soin en caractères « romain du roi » de Philippe Grandjean, est agrémenté de bandeaux, vignettes et fleurons. Il s'accompagne de très nombreuses planches – les trente-six volumes en comptent plus de mille – dues au talent de Jacques de Sève.

« Histoire générale des animaux », où Buffon développe sa théorie de la génération, et la première partie de l'« Histoire naturelle de l'Homme ». Enfin, le tome III est partagé entre le début de la « Description du Cabinet du Roi » par Daubenton, pour la partie qui regarde l'homme, et la suite, par Buffon, de l'« Histoire naturelle de l'Homme ».

Suivent, de 1753 à 1767, douze autres volumes consacrés aux quadrupèdes, dans lesquels le texte de Buffon, illustré de nombreuses planches presque toutes dues à Jacques de Sève, est complété par une minutieuse description anatomique des espèces traitées, de celles au moins dont un spécimen est conservé au Cabinet du Roi : c'est ce que Buffon nomme les « tripailles » de Daubenton.

Viennent ensuite, de 1770 à 1783, toujours dans le même format et la même présentation, les neuf tomes de l'*Histoire naturelle des oiseaux*. Buffon a supprimé les sévères descriptions anatomiques de Daubenton, qui ennuient le public, mais il s'adjoint de nouveaux collaborateurs. Son ami Philibert Guéneau de Montbeillard le seconde efficacement lorsque, en 1771, une grave maladie met ses jours en danger et le laisse affaibli. Guéneau signe de nombreux articles. Plus tard, lorsque sa mauvaise santé l'oblige à se retirer, il est remplacé par le jeune abbé Bexon auquel Buffon confie le soin de préparer, sur ses indications, des textes que lui-même corrige et enrichit de vues personnelles. Une édition « de luxe » dans le format in-folio, illustrée de planches en couleurs par Nicolas Martinet, est publiée de 1770 à 1786, en dix volumes.

François Nicolas Martinet (1731-v.1790) a été choisi par Buffon pour dessiner et graver à l'eau-forte les 973 planches qui illustrent l'édition in-folio de l'*Histoire naturelle des oiseaux* (double page suivante, La Huppe et Le Courlis rouge). Ces planches, tirées sans doute à 450 exemplaires chacune, représentent près de 450 000 épreuves à colorier et ont évidemment mobilisé un grand nombre d'ouvriers coloristes. L'anatomiste Georges Cuvier soulignera leur intérêt scientifique : « Les planches enluminées de Buffon sont donc devenues la collection fondamentale et classique de figures pour l'étude de l'ornithologie, celle qui comprend le plus d'espèces et qui les fait le mieux connaître. » Encore très recherchées de nos jours, les planches de Martinet ont beaucoup fait pour la popularité de l'œuvre de Buffon.

HISTOIRE
NATURELLE.

PREMIER DISCOURS.

Sous un bandeau gravé où paraissent des témoins des trois règnes de la nature, l'*Histoire naturelle* s'ouvre par un majestueux « Premier discours » à l'usage des naturalistes et intitulé : « De la manière d'étudier et de traiter l'histoire naturelle ». Buffon, fidèle à son goût pour les « grandes vues », y souligne, assez paradoxalement, le danger de « s'assujettir à des méthodes trop particulières, de vouloir juger du tout par une seule partie, de réduire la Nature à de petits systèmes qui lui sont étrangers, et de ses ouvrages immenses en former arbitrairement autant d'assemblages détachés : enfin de rendre, en multipliant les noms et les représentations, la langue de la science plus difficile que la science elle-même ».

Mais Buffon ne s'occupe pas que des oiseaux. À partir de 1774, il commence de publier des volumes de *Suppléments*, série dans laquelle paraissent notamment, au tome V, en 1778, les célèbres *Époques de la Nature.* D'autre part, avant même de commencer la publication des *Suppléments,* Buffon a entrepris, vers 1770, de rassembler des matériaux sur le règne minéral. Les deux premiers tomes de l'*Histoire naturelle des minéraux* paraissent en 1783 ; le cinquième et dernier, consacré à l'aimant, est publié en 1788. Avec ce volume se termine l'énorme travail conçu vers 1745 : fresque immense, inachevée pourtant. Lacepède ajoutera des parties concernant les reptiles, les poissons et les cétacés ; la botanique ne sera jamais composée.

Pour bien juger de l'œuvre scientifique de Buffon, il faut considérer l'*Histoire naturelle* dans son ensemble et parcourir attentivement toutes ses parties. D'abord parce que l'œuvre inclut la quasi-totalité des écrits du naturaliste – les *Suppléments* contiennent ses travaux de jeunesse (*Essai d'arithmétique morale*), les fruits de ses expériences de sylviculture et de métallurgie faites à Montbard, et même le fameux *Discours sur le style* prononcé à l'Académie française –, ensuite, parce que l'examen des textes successivement publiés fait apparaître que nombre des idées principales de Buffon, de celles qu'on retient habituellement sous la forme de citations, paraissent dans des pages où elles ne sont point attendues.

La manière d'étudier l'histoire naturelle

Tout au long des cinquante années que dure la publication de l'*Histoire naturelle,* la pensée de Buffon a évidemment évolué, jusqu'à se contredire parfois elle-même. Pour autant, sa conception de la connaissance scientifique appliquée à l'étude de la nature reste, pour l'essentiel, identique à elle-même. Dès 1749, dans son premier volume, il écrit :

« L'amour de l'étude de la Nature suppose dans l'esprit deux qualités qui paraissent opposées, les grandes vues d'un génie ardent qui embrasse tout d'un coup d'œil et les petites attentions d'un instinct laborieux qui ne s'attache qu'à un seul point. » Il faut connaître les faits, mais accumuler des faits ne suffit pas et le devoir du savant est de « tâcher de s'élever à quelque chose de plus grand et de plus digne encore de nous occuper, c'est de combiner les observations,

Louis Carrogis, dit Carmontelle (1717-1806), qui a représenté toutes les célébrités de son temps, a dessiné Buffon, en 1769, dans un décor imaginaire, évocateur de l'œuvre scientifique et philosophique du grand homme.

de généraliser les faits, de les lier ensemble par la force des analogies, et de tâcher d'arriver à ce haut degré de connaissance où nous pouvons juger que les effets particuliers dépendent d'effets plus généraux, où nous pouvons comparer la Nature avec elle-même dans ses grandes opérations, et d'où nous pouvons enfin nous ouvrir des routes pour perfectionner les différentes parties de la Physique » (t. I, 1749, p. 51). Car, écrira-t-il aussi, en se moquant de Réaumur : « Une mouche ne doit pas tenir dans la tête d'un naturaliste plus de place qu'elle n'en tient dans la Nature » (t. IV, 1753, p. 92).

Mais le « génie ardent » et les « petites attentions » ne sont pas encore suffisants. Il faut, pour aborder convenablement la nature, écarter le modèle mathématique, inapte à traduire la réalité concrète dans sa complexité, abandonner tous les dogmes, les préjugés, les opinions reçues, car « ce n'est point en resserrant la sphère de la Nature et en la renfermant dans un cercle étroit, qu'on pourra la connaître [...] au lieu de resserrer les limites de sa puissance, il faut les reculer, les étendre jusque dans l'immensité ; il faut ne rien voir d'impossible, s'attendre à tout, et supposer que tout ce qui peut être, est » (t. V, 1755, p. 102-103). Buffon reprendra plusieurs fois cette dernière formule, où s'exprime sa totale disponibilité d'esprit devant les faits révélés par l'expérience.

Quant à ses options métaphysiques, elles ont, elles aussi, évolué. Parti d'un agnosticisme sans doute total qui lui fait écrire, par exemple : « Le vivant et l'inanimé, au lieu d'être un degré métaphysique des êtres, est une propriété physique de la matière » (t. II, 1749, p. 17), il en arrivera, plus tard, à un déisme sincère qui ne fait pas de lui, pour autant, un chrétien authentique et qui, d'ailleurs, n'influera pas sur sa démarche scientifique, celle-ci étant depuis toujours soigneusement tenue à l'écart de la religion.

Les « Preuves de la théorie de la Terre » s'ouvrent par un bandeau gravé illustrant la gravitation universelle mise en évidence par Newton. Le lecteur est ainsi placé immédiatement dans la perspective purement physique où Buffon, qui refuse de confondre le récit biblique avec l'histoire naturelle, se situe lui-même. Alors que la « Théorie » proprement dite compte moins de 60 pages, les « Preuves », organisées en dix-neuf articles, en occupent près de 500. C'est dire l'importance que Buffon attache à cette partie de son exposé.

L'histoire de la Terre

« L'histoire de la Terre doit précéder l'histoire particulière de ses productions » (t. I, 1749, p. 65). Et c'est bien par elle que Buffon commence son ouvrage. Il y revient bien plus tard, après 1770, en un moment où ses forges sont en pleine activité, lorsque, lassé de décrire des oiseaux, il se tourne vers le règne minéral « plus analogue, écrit-il, à mon goût pour les belles découvertes et les grandes vues dont il est susceptible » (*Oiseaux,* t. III, 1775, p. 1), et surtout en 1778 lorsqu'il publie les *Époques de la Nature.*

Dans l'histoire de la Terre, Buffon distingue sept périodes,

Depuis Descartes, seul Buffon a osé aborder le problème de la naissance de l'Univers. Encore prend-il toutes les précautions nécessaires vis-à-vis de l'Église. Ainsi, le frontispice de la « Théorie de la Terre » (ci-dessus), où le Père éternel est représenté créant le monde, n'est-il sûrement pas là par hasard. De même, pour faire taire les critiques exprimées par les théologiens de la Sorbonne après la publication, Buffon affirmera « croire très fermement tout ce qui a été rapporté par l'Écriture sur la Création » et déclarera n'avoir conçu ses théories « que comme pure supposition philosophique ».

ou « époques ». La première est celle où la planète n'est encore qu'un globe en fusion; au cours de la deuxième, le refroidissement ride l'écorce terrestre : c'est la formation du relief; dans une troisième période, les eaux tombées de l'atmosphère recouvrent la quasi-totalité du globe, au sein de l'immense océan se forment les molécules organiques, premiers constituants des êtres vivants, puis les animaux marins primitifs; ensuite, lors de la quatrième époque, les eaux se retirent progressivement, englouties dans les cavités de l'écorce terrestre fissurée par l'action des volcans, et la vie se développe sur les terres émergées; dans la cinquième époque, les animaux terrestres, apparus d'abord dans les régions boréales, les premières refroidies, migrent progressivement vers le sud; puis – c'est la sixième

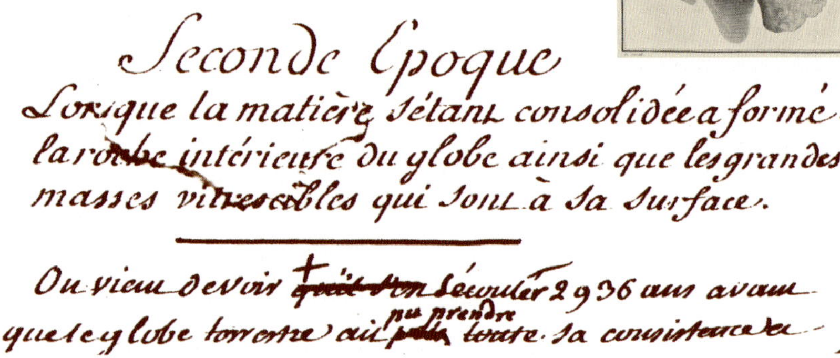
Seconde Epoque
Lorsque la matière s'étant consolidée a formé la roche intérieure du globe ainsi que les grandes masses vitrescibles qui sont à sa surface.

On vient de voir s'écouler 2936 ans avant que le globe terrestre ait pu prendre toute sa consistance

époque – les continents d'abord réunis se séparent et prennent les contours que nous leur connaissons; enfin l'homme paraît, dont l'action est capable de dominer et peut-être même de modifier la nature.

Dans maintes pages de ce texte célèbre, on trouve sous la plume de Buffon des vues pénétrantes, validées par la science d'aujourd'hui : le rôle du refroidissement progressif dans la formation du relief; la séparation ancienne de l'Ancien et du Nouveau Monde, d'abord réunis en un seul continent; l'intérêt présenté par les fossiles, vestiges d'espèces « perdues »; l'importance donnée, dans l'explication des transformations de la Terre, aux « effets qui arrivent tous les jours » (mouvements des mers, courants, phénomènes

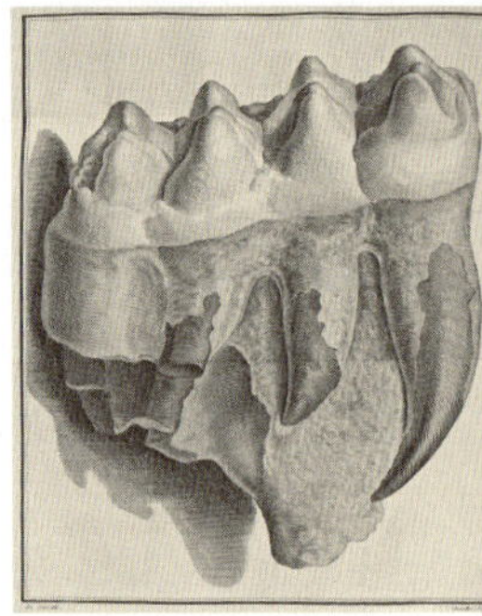

La cinquième époque de la Terre voit l'apparition des premiers animaux terrestres : éléphants, rhinocéros, hippopotames. Buffon fonde cette affirmation sur les découvertes d'ossements fossiles au Canada, en Russie, en Sibérie et en Europe (ci-dessus, une dent de mammouth conservée au Cabinet du Roi et reproduite dans l'*Histoire naturelle*). Pour Buffon, certains fossiles appartiennent à des groupes disparus, peut-être parce que moins bien adaptés à un nouvel environnement.

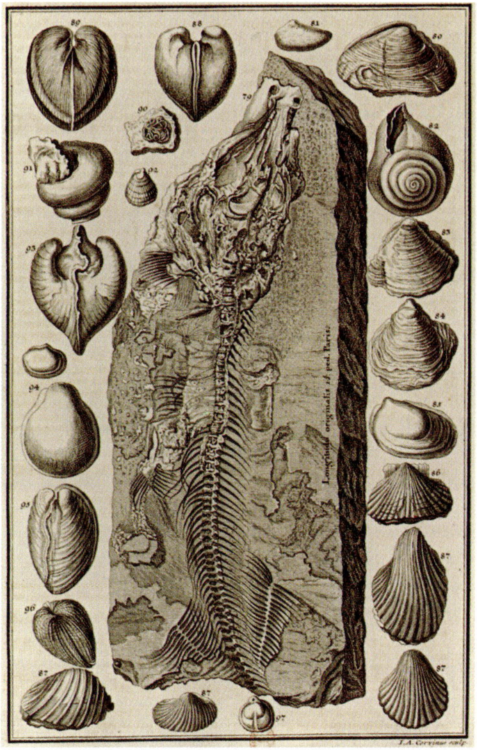

Dans sa *Physica sacra* (1731), manière d'exégèse scientifique de la Genèse, le Suisse Johann Jacob Scheuchzer (1672-1733) reproduit de nombreux fossiles, présentés comme les vestiges d'espèces victimes du Déluge, auquel il donne une grande importance. Buffon, sans nier le Déluge, pense quant à lui que cet événement n'a eu que peu de conséquence dans l'histoire de la Terre.

d'érosion, etc.), ceux qu'on nommera plus tard « causes actuelles », préférés aux « révolutions » que privilégiera Cuvier. Pour Buffon, point n'est besoin, pour comprendre l'histoire de la Terre, d'utiliser d'anciens et extraordinaires cataclysmes ; il lui suffit d'invoquer une très longue durée : « Le grand ouvrier de la nature est le temps : et comme il marche toujours d'un pas égal, uniforme et réglé, il ne fait rien par sauts : mais par degrés, par nuances, par succession, il fait tout ; et ces changements, d'abord imperceptibles, deviennent peu à peu sensibles, et se marquent enfin par des résultats auxquels on ne peut se méprendre » (t. VI, 1756, p. 60). C'est que, ignorant délibérément l'interprétation alors couramment acceptée du récit de la Genèse, qui donne à notre planète une ancienneté d'environ 6 000 ans, Buffon ose, pour la première fois, mesurer l'âge de la Terre en dizaines de milliers d'années (dans son manuscrit, il a d'abord écrit : trois millions d'années).

La cosmogonie et la géologie de Buffon contiennent néanmoins de graves erreurs : son hypothèse de la naissance des planètes détachées du Soleil par le choc d'une comète, d'ailleurs partiellement empruntée à Leibniz, Whiston et quelques autres, est contredite par les lois de la gravitation ; il a mal interprété les plissements de l'écorce terrestre, ce qui le force à imaginer que les eaux de la mer ont noyé de hautes montagnes (puisqu'on y trouve les restes de coquilles marines) ;

on pourrait citer d'autres exemples. Reste que la « Théorie de la terre » et les *Époques de la Nature* constituent le premier récit cohérent des temps géologiques qui ont précédé l'apparition de l'homme.

L'homme

En un temps où certains tenants de l'orthodoxie chrétienne trouvent choquant de voir rapprocher, dans un cabinet d'histoire naturelle, le squelette d'un homme et celui d'un animal, Buffon place l'espèce humaine au centre du monde vivant : « Une vérité peut-être humiliante pour l'homme, c'est qu'il doit se ranger lui-même dans la classe des animaux auxquels il ressemble par tout ce qu'il a de matériel » (t. I, 1749, p. 12). À l'appui de cette affirmation, Buffon insiste sur l'importance, pour l'homme, de la connaissance par les sens, qui l'apparente aux animaux.

❝L'histoire de l'espèce [humaine] demande un détail particulier, dont les faits principaux ne peuvent se tirer que des variétés qui se trouvent entre les hommes des différents climats.❞

Histoire naturelle, t. III, p. 371

HISTOIRE NATURELLE DE L'HOMME.

Variétés dans l'espèce humaine.

Cependant, et de manière presque contradictoire, il souligne en même temps la spécificité de nature de l'homme que lui confèrent son âme immortelle et sa capacité de raisonner : « L'homme est un être raisonnable, l'animal est un être sans raison [...] il est évident que l'homme est d'une nature entièrement différente de celle de l'animal, qu'il ne lui ressemble que par l'extérieur, et que le juger par cette ressemblance matérielle, c'est se laisser tromper par l'apparence » (t. II, 1749, p. 443-444). Même en parlant des animaux, Buffon ne cesse de faire référence à l'homme et

Buffon fait preuve d'une érudition sans faille dans ses descriptions des types humains : des peuples du nord de l'Europe, qui « se ressemblent par la laideur, la petitesse de la taille et la couleur des cheveux et des yeux » – en particulier les Groenlandais (en haut, à gauche), qui ont « la peau plus basanée qu'aucun des autres [peuples du Nord] » –, jusqu'aux « sauvages » du Canada (en bas à gauche), « assez grands, robustes, forts et assez bien faits », en passant par les Noirs (ci-contre), chez lesquels il y a « autant de variétés que dans la race des Blancs ». Cette variété de l'espèce humaine s'explique selon lui par l'influence du climat, de la nourriture et des mœurs : « Dans une même race d'homme, le plus ou moins noir dépend de la plus ou moins grande ardeur du climat. Il faut peut-être plusieurs siècles et une succession d'un grand nombre de générations pour qu'une race blanche prenne par nuances la couleur brune et devienne tout à fait noire ; mais il y a apparence qu'avec le temps, un peuple blanc transporté du nord à l'équateur, pourrait devenir brun et même tout à fait noir, surtout si ce peuple changeait de mœurs et ne se servait pour nourriture que des productions du pays chaud dans lequel il aurait été transporté » (*Histoire naturelle*, t. III, p. 483).

s'il retrace l'histoire de la Terre, c'est pour en arriver à l'époque où « la puissance de l'Homme a secondé celle de la Nature ». Car, malgré le ton souvent pessimiste de son ouvrage, Buffon croit en l'homme et ne manque pas une occasion de vanter les bienfaits de la civilisation.

Après avoir étudié longuement la « génération » de l'homme, son développement selon les différents âges de la vie, ses cinq sens, son anatomie, Buffon s'interroge sur les « variétés de l'espèce humaine ». Au terme d'une minutieuse description, puisée dans les récits des voyageurs, des divers types humains existant à la surface de la terre, il conclut : « Tout concourt donc à prouver que le genre humain n'est pas composé d'espèces essentiellement différentes entre elles, qu'au contraire il n'y a eu originairement qu'une seule espèce d'hommes qui, s'étant multipliée et répandue sur toute la surface de la Terre, a subi différents changements par l'influence du climat, par la différence de la nourriture, par celle de la manière de vivre, par les maladies épidémiques, et aussi par le mélange varié à l'infini des individus plus ou moins ressemblants » (t. III, 1749, p. 529-530). Cette synthèse remarquable des « Variétés de l'espèce humaine » et l'étude de l'homme publiée précédemment font de Buffon l'un des créateurs de l'anthropologie moderne.

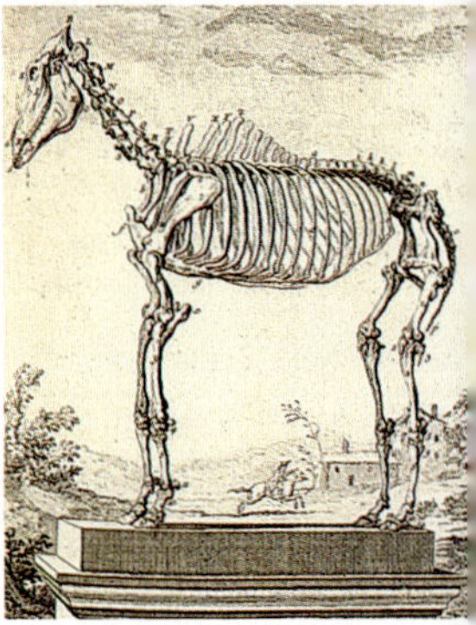

❝La plus noble conquête que l'homme ait jamais faite est celle de ce fier et fougueux animal, qui partage avec lui les fatigues de la guerre et la gloire des combats.❞

T. IV, p. 174

Les animaux

Aux animaux, Buffon a consacré, de loin, la plus grande part de son ouvrage. Il n'a pas vu, bien sûr, toutes les espèces dont il parle, mais il a soigneusement étudié les travaux des zoologistes qui l'ont précédé et dispose à l'étranger d'un réseau étendu d'informateurs et de correspondants. Au Jardin du Roi il s'est livré, à l'aide du microscope, à de très attentifs examens anatomiques. Homme de la campagne, enfin, il connaît les espèces domestiques et sauvages de l'Europe occidentale et il a procédé, à Montbard, sur les animaux captifs de sa petite ménagerie, à des expériences répétées de croisement des espèces.

De ses descriptions minutieuses, on n'a trop souvent voulu retenir que les effets de style et l'anthropomorphisme. Pourtant, au fur et à mesure qu'il étudie mammifères et oiseaux, Buffon, en véritable biologiste et plus d'une fois en écologiste, constitue pour chaque espèce un dossier où sont exposées en détail toutes les données concernant l'habitat, les mœurs, la croissance, la reproduction, la fécondité, etc. Il pressent plusieurs des idées

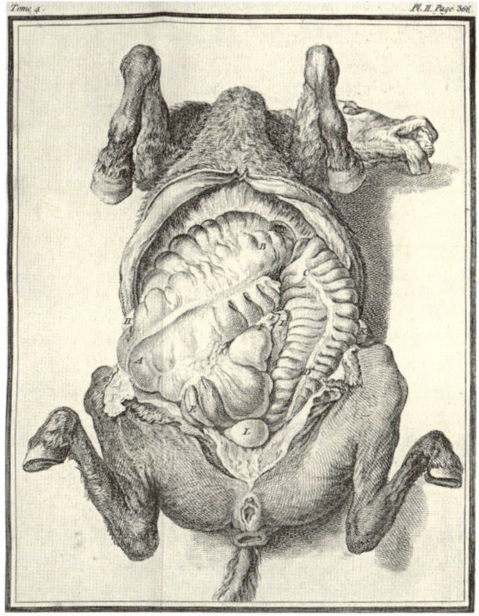

développées par la zoologie des décennies suivantes. Buffon souligne en particulier l'unité de plan de composition organique, c'est-à-dire la conviction que tous les animaux, au moins les mammifères et les oiseaux, qu'il a particulièrement étudiés, ont la même structure anatomique; par la méthode comparative, il montre ainsi la ressemblance existant entre la main de l'homme et le sabot du cheval. Le naturaliste entrevoit également le principe de la corrélation des organes, c'est-à-dire l'idée que chez un même animal, les organes ont entre eux, dans leur forme, une interdépendance mutuelle et répondent à une nécessité commune : celui qui a des dents de carnassier est muni de griffes et non de sabots. Enfin, il remarque la subordination des caractères, c'est-à-dire le principe suivant lequel la comparaison des animaux entre eux doit tenir compte de tous leurs caractères mais qu'il existe, entre ces caractères, une hiérarchie d'importance : le système nerveux, par exemple, est plus important que le tube digestif.

Par maint développement, notamment sa comparaison de la faune de l'Ancien Continent avec celle du Nouveau Monde (t. IX, 1761), il jette les bases de ce qui deviendra la biogéographie, c'est-à-dire l'étude de la répartition des espèces vivantes à la surface du globe.

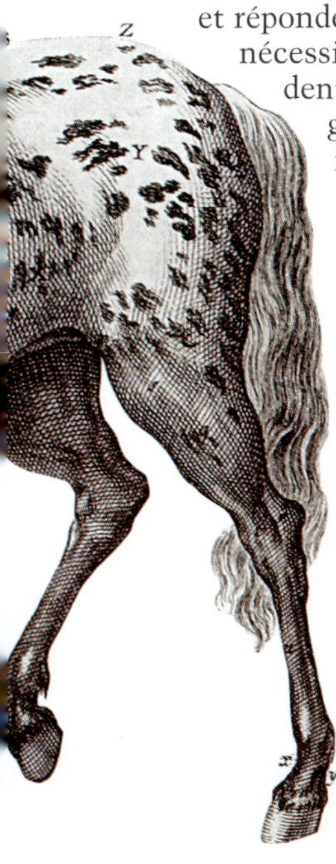

Le cheval, premier quadrupède traité dans l'*Histoire naturelle*, offre un bon exemple de la méthode suivie par Buffon : d'abord, la présentation de l'animal, par le naturaliste lui-même, sa morphologie, son habitat, ses diverses races, son caractère et ses mœurs, les caractéristiques de sa reproduction; puis une minutieuse description anatomique, par Daubenton, de toutes les parties de l'animal (ci-dessus et page de gauche) : squelette, muscles, viscères, organes de la génération, etc. Les planches gravées facilitent l'intelligence du texte.

« Les ordres et les classes n'existent que dans notre imagination »

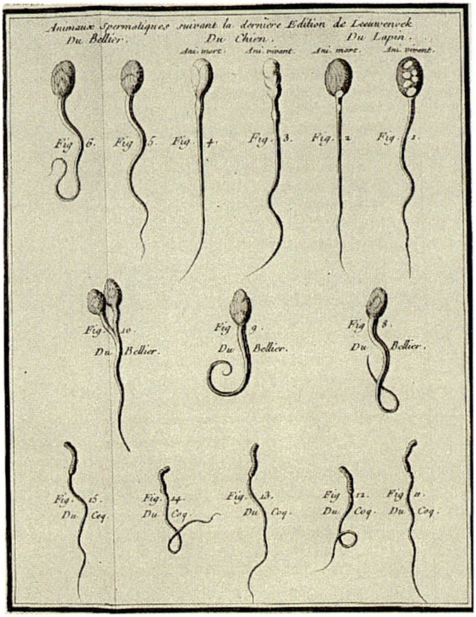

Puisque l'homme est au centre de la nature, Buffon choisit d'aborder les animaux, non pas en suivant l'ordre dans lequel ils sont habituellement groupés, d'après leur ressemblance, mais en commençant par ceux qui sont le plus proches de l'homme : le cheval, sa « plus noble conquête », est le premier, suivi par le chien puisqu'il vaut mieux « faire suivre le cheval, qui est solipède, par le chien, qui est fissipède et qui a coutume de le suivre en effet, que par un zèbre qui nous est peu connu et qui n'a peut-être d'autre rapport avec le cheval que d'être solipède » (t. I, 1749, p. 36). Dès le début, en effet, Buffon s'est posé en adversaire résolu des classifications : « Les ordres et les classes n'existent que dans notre imagination [...]. Ne serait-il pas plus simple, plus naturel et plus vrai de dire qu'un âne est un âne, et un chat un chat, que de vouloir, sans savoir pourquoi, qu'un âne soit un cheval et un chat un loup-cervier ? » (t. I, 1749, p. 38 et 40).

Pour élaborer sa théorie de la génération, Buffon s'appuie notamment sur les observations au microscope des « animaux spermatiques » (ci-dessus) faites par Antonie Van Leeuwenhoek (1632-1723).

Dans la pensée de Buffon, le seul groupe légitime est l'espèce, que définit la fécondité, c'est-à-dire la capacité de se reproduire et d'engendrer une descendance féconde. Le naturaliste en veut pour preuve ses nombreuses expériences de croisements d'espèces réalisées à Montbard. Au XXe siècle, les biologistes confirmeront cette définition de l'espèce en introduisant la notion de « barrière génétique ».

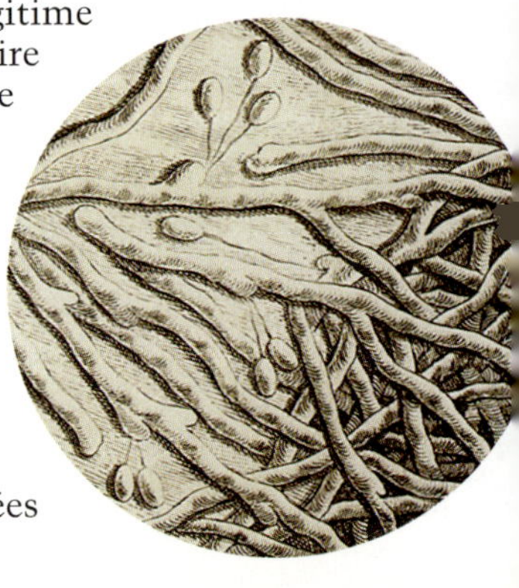

Buffon, un précurseur du transformisme?

Comment sont apparus les premiers êtres vivants ? Que signifient les variations observées chez l'homme ou l'animal ? Quelles en sont les causes ? Comment s'est formée la « chaîne des êtres » ? Est-elle demeurée fixe depuis les origines du monde – c'est au milieu du XVIIIe siècle la théorie dominante –, ou les individus qui la composent ont-ils connu des mutations successives, comme certains, tel Maupertuis, commencent à le penser ? Dans ce débat sur les origines et le développement des êtres vivants, Buffon, à défaut de trouver les réponses, pose les bonnes questions, ouvrant ainsi la voie aux théories développées plus tard par Lamarck et Darwin.

Buffon se livre lui-même à des observations et des expériences méthodiques sur la « liqueur séminale » de l'homme (en bas à gauche) et des animaux. Daubenton et l'abbé John Tuberville Needham (1713-1781), habile microscopiste, sont associés à ces travaux (ci-dessous).

En 1753, Buffon semble affirmer une opposition absolue à toute idée de transformation des espèces : « S'il était vrai, écrit-il, que l'âne ne fût qu'un cheval dégénéré, il n'y aurait plus de borne à la puissance de la Nature et l'on n'aurait pas tort de supposer que d'un seul être elle a su tirer avec le temps tous les autres êtres organisés. Mais non, il est certain par la Révélation que tous les animaux ont participé à la grâce de la création, que les deux premiers de chaque espèce, et de toutes les espèces, sont sortis tout formés des mains du Créateur, et l'on doit croire qu'ils étaient tels alors à peu près qu'ils nous sont aujourd'hui représentés par leurs descendants »

Selon Buffon, la « génération » des êtres vivants se réalise par la combinaison de « molécules organiques », des unités élémentaires du vivant, produites par la chaleur des premiers âges de la Terre. À chaque génération, ces molécules, présentes dans la semence des deux géniteurs, s'agrègent selon des « moules intérieurs ».

(t. IV, 1753, p. 382-383). Contrairement à ce qu'ont pu écrire certains commentateurs, Buffon est probablement sincère lorsqu'il écrit ces lignes. Pour lui n'existe d'abord qu'une juxtaposition d'espèces parfaitement distinctes les unes des autres.

Mais sa pensée évolue. Il en vient à admettre qu'un petit nombre d'espèces « isolées », ou « nobles » (par exemple le lion, l'éléphant, l'hippopotame), apparues par voie de génération spontanée, se sont seules maintenues sans changement depuis leur apparition. Les autres appartiennent, par groupes, à des souches communes ; elles sont le résultat d'une « dégénération », notion que Buffon relie à ses conclusions sur les variétés de l'espèce humaine.

Cette dégénération est entraînée, chez les animaux sauvages, par le changement de climat et de nourriture ; elle est la plus grande « chez les petits animaux éphémères, ceux dont la vie est si courte qu'ils se renouvellent tous les ans par la génération » (t. V, 1755 , p. 195). Pour les espèces domestiques, s'ajoute le facteur que représente l'esclavage imposé par l'homme (t. XIV, 1766, p. 317). Et Buffon conclut, à la fin de l'histoire naturelle des quadrupèdes : « En comparant ainsi tous les animaux et les rappelant chacun à leur genre, nous trouverons que les deux cents espèces dont nous avons donné l'histoire peuvent se réduire à un assez petit nombre de familles ou souches principales, desquelles il n'est pas impossible que toutes les autres soient issues » (t. XIV, 1766, p. 358).

Pourtant, même nuancée au cours du temps, la pensée de Buffon reste fondamentalement la même. Ainsi, il demeure jusqu'au bout hostile aux classifications, lesquelles peuvent mener, tout naturellement, à l'hypothèse transformiste en suggérant une parenté générale à l'intérieur du monde vivant. Pour lui, plus les espèces sont « nobles », plus elles sont permanentes, et les variations qu'il admet pour des espèces inférieures issues d'une souche commune,conduisent non à une progression du plus simple au plus complexe, mais à une dégénération. Le transformisme de Buffon est donc très limité. Il est beaucoup moins hardi, par exemple, que celui

“J'entends par espèces nobles dans la Nature, celles qui sont constantes, invariables, et qu'on ne peut soupçonner de s'être dégradées : ces espèces sont ordinairement isolées et seules de leur genre ; elles sont distinguées par des caractères si tranchés, qu'on ne peut ni les méconnaître, ni les confondre avec aucune des autres. [...] Dans le cheval, l'espèce n'est pas aussi noble que l'individu, parce qu'elle a pour voisine l'espèce de l'âne, laquelle paraît même lui appartenir d'assez près [...]. Dans le chien, l'espèce est peut-être encore moins noble parce qu'elle paraît tenir de près à celle du loup, du renard et du chacal.”

T. IX, 1761, p. 9-10

“En descendant par degrés aux espèces inférieures [...], on ne peut plus reconnaître la souche commune ni la tige directe de chacune de ces familles devenues trop nombreuses. [...] Classer l'homme avec le singe, le lion avec le chat, dire que le lion est un chat à crinière et à queue longue, c'est dégrader, défigurer la Nature au lieu de la décrire ou de la dénommer.”

T. IX, 1761, p. 9-10

[Ci-contre et double page suivante, quelques espèces, « nobles » (éléphant, rhinocéros, lion) ou « dégénérées » (chameau, buffle, chèvre, cerf, chien, renard, oiseaux)].

DE LA DÉGÉNÉRATION *DES ANIMAUX*

de son contemporain Maupertuis, lequel n'hésite pas à admettre que « de deux seuls individus [...] à force d'écarts répétés seraient venue la diversité infinie des animaux que nous voyons aujourd'hui » (*Essai sur la formation des êtres organisés*, 1754).

Un ouvrage critiqué mais un auteur sûr de lui

En un siècle où la langue française est partout en Europe lue, parlée et écrite, Buffon s'adresse à un large public cultivé dont il sait retenir l'attention par un texte dont le vocabulaire est accessible aux non-spécialistes, l'érudition jamais pesante, le style toujours remarquable. Son ouvrage suscite d'entrée de jeu des réactions passionnées : l'opinion lui est largement favorable mais la communauté scientifique fait grise mine : à l'étranger le Suédois Linné et les Suisses Haller et Bonnet ;

LE KAKATOËS.

LE RENARD

LE MÂTIN.

LE CERF

LE PETIT ÉLÉPHANT TÉTANT SA MERE

LE COAITA.

LE GRAND DUC.

LE LION.

en France même, les encyclopédistes, Grimm, Voltaire, Condillac, le minéralogiste Guettard, qui crie à la « Buffonade », et même le sage Malesherbes, qui rédige des *Observations*, tous reprochent à Buffon de s'écarter de la réalité des faits pour se livrer à des hypothèses au moins hasardeuses. Quant aux dévots, ils se déchaînent contre une œuvre qui prétend rompre tout lien entre science et foi religieuse, contre une histoire du vivant qui ne tient aucun compte du récit biblique de la création.

Des critiques, Buffon se soucie peu. Au prix d'une rétractation de pure forme, il fait la paix avec les théologiens, quant aux autres adversaires, il préfère les ignorer : « Chacun a sa délicatesse d'amour-propre, écrit-il à l'abbé Leblanc, la mienne va jusqu'à croire que de certaines gens ne peuvent même pas m'offenser. »

Du vivant même de Buffon, des traductions de son œuvre sont entreprises dans les principales langues de l'Europe (ci-dessus, une édition allemande de 1785). Après sa mort, divers éditeurs donneront des *Suites à Buffon* – titre significatif – signées de grands naturalistes tels que Lamarck, Geoffroy Saint-Hilaire, Cuvier, Duméril, Milne-Edwards.

Buffon : un grand naturaliste philosophe

Riche, comblé d'honneurs, ayant enterré presque tous ses amis et adversaires, Buffon, à quatre-vingt-un ans, succombe dans la nuit du 15 au 16 avril 1788 à une dernière crise de gravelle. Sa disparition, à peu de mois près, coïncide avec celle de l'Ancien Régime ; il appartient à un monde qui va disparaître avec lui.

Son œuvre, de son vivant même, a connu un immense succès. En 1749, le tirage initial des trois premiers volumes, à mille exemplaires, est épuisé en six semaines ; deux autres suivent peu après, puis viennent les éditions de plus petit format, les traductions, contrefaçons, adaptations de toute sorte. À la veille de la Révolution, l'*Histoire naturelle* est l'ouvrage scientifique le plus souvent présent dans les bibliothèques françaises, avant l'*Encyclopédie,* avant même le très célèbre *Spectacle de la nature* de l'abbé Pluche. Au XIXe siècle, l'œuvre sera réimprimée tout entière une quarantaine de fois,

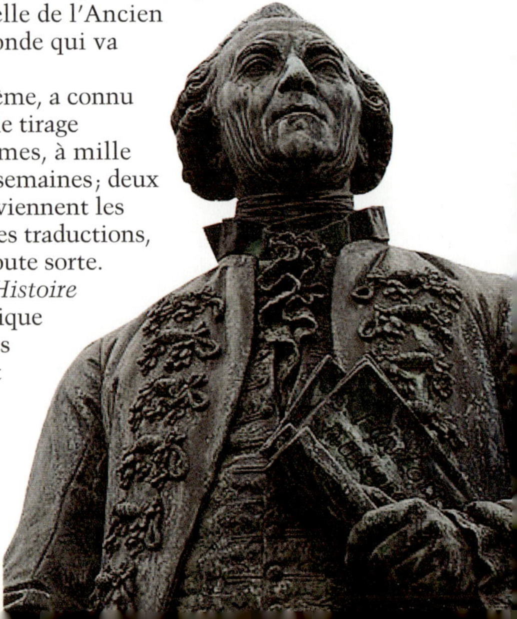

PICASSO

EAUX-FORTES ORIGINALES
POUR DES TEXTES DE

BUFFON

MARTIN FABIANI
ÉDITEUR A PARIS
1942

Pour des livres destinés aux enfants, les descriptions ou seulement le nom de Buffon ont été souvent utilisés : Benjamin Rabier (1864-1939), illustrateur des *Fables de La Fontaine*, a aussi réalisé une *Histoire naturelle de Buffon* (1911) et *Le Buffon choisi* (1924). Plusieurs grands artistes, dont Pablo Picasso (ci-contre), ont illustré les textes du naturaliste.

Page suivante : La grande statue, commandée par Louis XV au sculpteur Pajou, de Buffon représenté en législateur de la nature (1776).

rien qu'en français. Mais Buffon qui a toujours refusé d'être un spécialiste, était un gagneur – tout, ou à peu près, lui a réussi – et un solitaire : autant de raisons de se faire des ennemis. La légende noire du style ampoulé, de l'écrivain orgueilleux aux manchettes de dentelle a donc nui gravement à son image. On n'a voulu se rappeler que le lion « roi des animaux », le cheval « plus noble conquête de l'homme », et la postérité a réduit trop souvent ce grand naturaliste philosophe à n'être plus qu'une sorte de La Fontaine en prose pour les enfants et les gens du monde.

Le bicentenaire de sa mort, en 1988, fut l'occasion de prononcer enfin sur lui une sentence équitable, que le tricentenaire de sa naissance, en 2007, ne peut que confirmer. Homme d'ordre, Buffon a longuement cherché à décrypter l'ordre de la nature et, ce faisant, a ouvert des voies nouvelles qui devaient mener à l'anthropologie, l'éthologie, la biogéographie, la paléontologie. Mathématicien chevronné, naturaliste complet, philosophe, administrateur, écrivain, financier, bâtisseur, forestier, maître de forges, expérimentateur obstiné, il a, sans toujours donner les bonnes réponses, posé les questions fondamentales dont certaines se posent encore aux naturalistes d'aujourd'hui. Ce grand seigneur né bourgeois a été l'un des hommes les plus intelligents de son siècle.

NATURÆ PAR INGENIUM

TÉMOIGNAGES ET DOCUMENTS

Rencontre avec Monsieur de Buffon

Marie Jean Hérault de Séchelles, jeune et brillant avocat, rencontre Buffon à Montbard, en 1785 et, avec un peu d'impertinence, trace du naturaliste, au faîte de la gloire, habillé et frisé avec soin, alliant vanité et bonhomie, un portrait qu'on devine assez ressemblant.

Quelle palpitation de joie me saisit lorsque j'aperçus de loin la tour de Montbard, les terrasses et les jardins qui l'environnent ! J'observais la position des lieux, la colline sur laquelle cette tour s'élève, les montagnes et les coteaux qui la dominent, les cieux qui la couvrent. Je cherchais le château de tous mes yeux. Je n'en avais pas assez pour voir la demeure de l'homme célèbre auquel j'allais parler. On ne peut découvrir le château que lorsqu'on y est ; mais, au lieu d'un château, vous vous imagineriez entrer dans quelque maison de Paris. Celle de M. de Buffon n'est annoncée par rien ; elle est située dans une rue de Montbard, qui est une petite ville. Au reste, elle a une très belle apparence.

En arrivant, je trouvai M. le comte de Buffon fils, jeune officier aux gardes, qui vint à ma rencontre, et me conduisit chez son père. De quelle vive émotion j'étais pénétré en montant les escaliers, en traversant le salon, orné de tous les oiseaux enluminés, tels qu'on les voit dans la grande édition de l'*Histoire naturelle* ! Me voici maintenant dans la chambre de Buffon. Il sortit d'une autre pièce ; et je ne dois pas omettre une circonstance qui m'a frappé, parce qu'elle marque son caractère : il ouvrit la porte, et quoiqu'il sût qu'il y avait un étranger dans son appartement, il se retourna fort tranquillement, et fort longtemps, pour la fermer ; ensuite il vint à moi. Serait-ce un esprit d'ordre qui met dans tout la même exactitude ? C'est la tournure de M. de Buffon. Serait-ce le peu d'empressement d'un homme qui rassasié d'hommages, les attend plutôt qu'il ne les recherche ? On peut aussi le supposer. Serait-ce enfin la petite adresse d'un homme célèbre, qui, flatté de l'avidité qu'on témoigne de le connaître, augmente encore avec art cette avidité en reculant, ne fût-ce que d'une minute, cette même minute où il satisfait votre désir, et se prodigue d'autant moins que vous le poursuivez davantage ? Cet artifice ne serait pas tout à fait invraisemblable dans M. de Buffon. Il vint à moi majestueusement, en ouvrant ses deux bras. Je lui balbutiai quelques mots, avec l'attention de dire M. le comte : car c'est à quoi il ne faut pas manquer. On m'avait prévenu qu'il ne haïssait pas cette manière de lui adresser la parole. Il me répondit en m'embrassant : « Je dois vous regarder comme une ancienne connaissance, car vous avez marqué du désir de me voir et j'en avais aussi de vous connaître. Il y a déjà du temps que nous nous cherchons. »

Je vis une belle figure, noble et calme. Malgré son âge de soixante-dix-huit ans, on ne lui en donnerait que soixante ; et ce qu'il y a de plus singulier, c'est que venant de passer seize nuits sans fermer l'œil, et dans des souffrances inouïes qui duraient encore, il était frais comme un enfant, et tranquille comme en santé. On m'assura que tel était son caractère ; toute sa vie, il s'est efforcé de paraître supérieur à ses propres affections. Jamais d'humeur, jamais d'impatience. Son buste, par Houdon, est celui qui me paraît le plus ressemblant ; mais le sculpteur n'a pu rendre sur la pierre ces sourcils noirs qui ombragent des yeux noirs, très actifs, sous de beaux cheveux blancs. Il était frisé quand je le vis, quoiqu'il fût malade ; c'est là une de ses manies, et il en convient. Il se fait mettre tous les jours des papillotes, qu'on lui passe au fer plutôt deux fois qu'une ; du moins, autrefois, après s'être fait friser le matin, il lui arrivait très souvent de se faire encore friser pour souper. On le coiffe à cinq petites boucles flottantes ; ses cheveux attachés par-derrière, pendaient au milieu de son dos. Il avait une robe de chambre jaune, parsemée de raies blanches et de fleurs bleues. Il me fit asseoir, me parla de son état, me fit des compliments sur le peu d'indulgence dont il prétendit que le public me favorisait, sur l'éloquence, sur les discours oratoires ; pour moi, je l'entretenais de sa gloire, et ne me lassais point d'observer ses traits. La conversation étant tombée sur le bonheur de connaître jeune l'état auquel on se destine, il me récita sur-le-champ deux pages qu'il avait composées sur ce sujet dans un de ses ouvrages. Sa manière de réciter est infiniment simple et commune, le ton d'un bonhomme, nul apprêt, levant tantôt une main, tantôt une autre, disant comme les choses lui viennent, mêlant seulement quelques réflexions. Sa voix est assez forte pour son âge : elle est d'une extrême familiarité ; et en général, quand il parle, ses yeux ne fixent rien ; ils errent au hasard, soit parce qu'il a la vue basse, soit plutôt parce que c'est sa manière. Ses mots favoris sont tout ça et pardieu, qui reviennent continuellement ; sa conversation paraît n'avoir rien de saillant, mais quand on y fait attention, on remarque qu'il parle bien, qu'il y a même des choses très bien exprimées, et que, de temps en temps, il y sème des vues intéressantes. Un des premiers traits de son caractère, c'est sa vanité ; elle est complète, mais franche, et de bonne foi. Un voyageur, (M. Target), disait de lui : « Voilà un homme qui a beaucoup de vanité au service de son orgueil. » [...]

Son exemple et ses discours m'ont confirmé que qui veut la gloire passionnément finit par l'obtenir, ou du moins en approche de bien près. Mais il faut vouloir, et non pas une fois ; il faut vouloir tous les jours. [...] M. de Buffon me dit à ce sujet un mot bien frappant, un de ces mots capables de produire un homme tout entier : « Le génie n'est qu'une plus grande aptitude à la patience. » Il suffit en effet d'avoir reçu cette qualité de la nature : avec elle on regarde longtemps les objets, et l'on parvient à les pénétrer. Cela revient au mot de Newton. On disait à ce dernier : « Comment avez-vous fait tant de découvertes ? – En cherchant toujours, répondit-il, et cherchant patiemment. » Remarquez que le mot patience doit s'appliquer à tout : patience pour chercher son objet, patience pour résister à tout ce qui s'en écarte, patience pour souffrir tout ce qui accablerait un homme ordinaire.

Marie Jean Hérault de Séchelles,
Voyage à Montbard, Paris, 1785

Discours sur le style

De Buffon, Jean-Jacques Rousseau a dit qu'il était « la plus belle plume de son siècle ». La postérité n'est pas loin de ratifier ce jugement et place Buffon parmi les grands prosateurs de langue française. La noblesse et la clarté du style, la simplicité des termes caractérisent son écriture qui s'adresse à un large public cultivé.

Le style n'est que l'ordre et le mouvement qu'on met dans ses pensées. Si on les enchaîne étroitement, si on les serre ; le style devient ferme, nerveux et concis ; si on les laisse se succéder lentement, et ne se joindre qu'à la faveur des mots, quelque élégants qu'ils soient, le style sera diffus, lâche et traînant.

Le plan

Mais avant de chercher l'ordre dans lequel on présentera ses pensées, il faut s'en être fait un autre plus général et plus fixe, où ne doivent entrer que les premières vues et les principales idées ; c'est en marquant leur place sur ce premier plan qu'un sujet sera circonscrit, et que l'on en connaîtra l'étendue ; c'est en se rappelant sans cesse ces premiers linéaments qu'on déterminera les justes intervalles qui séparent les idées principales, et qu'il naîtra des idées accessoires et moyennes qui serviront à les remplir. [...]

Ce plan n'est pas encore le style, mais il en est la base ; il le soutient, il le dirige, il règle son mouvement et le soumet à des lois ; sans cela, le meilleur écrivain s'égare, sa plume marche sans guide, et jette à l'aventure des traits irréguliers et des figures discordantes. Quelque brillantes que soient les couleurs qu'il emploie, quelques beautés qu'il sème dans les détails, comme l'ensemble choquera, ou ne se fera pas assez sentir, l'ouvrage ne sera point construit ; et en admirant l'esprit de l'auteur, on pourra soupçonner qu'il manque de génie. [...]

C'est faute de plan, c'est pour n'avoir pas assez réfléchi sur son objet, qu'un homme d'esprit se trouve embarrassé, et ne sait par où commencer à écrire : il aperçoit à la fois un grand nombre d'idées ; et comme il ne les a ni comparées ni subordonnées, rien ne le détermine à préférer les unes aux autres ; il demeure donc dans la perplexité ; mais lorsqu'il se sera fait un plan, lorsqu'une fois il aura rassemblé et mis en ordre toutes les pensées essentielles à son sujet, il s'apercevra aisément de l'instant auquel il doit prendre la plume, il sentira le point de maturité de la production de l'esprit, il sera pressé de la faire éclore, il n'aura même que du plaisir à écrire : les idées se succéderont aisément, et le style sera naturel et facile ; la chaleur naîtra de ce plaisir, se répandra partout et donnera de la vie à chaque expression ; tout s'animera de plus en plus ; le ton s'élèvera, les objets prendront de la couleur ; et le sentiment se joignant à la lumière, l'augmentera, la portera plus loin, la fera passer de ce que l'on dit, à ce que l'on va dire, et le style deviendra intéressant et lumineux.

Rien ne s'oppose plus à la chaleur, que le désir de mettre partout des traits saillants ; rien n'est plus contraire à la lumière qui doit faire un corps et se répandre uniformément dans un écrit, que ces étincelles qu'on ne tire que par force en choquant les mots les uns contre les autres, et, qui ne vous éblouissent pendant quelques instants que pour nous laisser ensuite dans les ténèbres. [...]

Rien n'est encore plus opposé à la véritable éloquence que l'emploi de ces pensées fines, et la recherche de ces idées légères, déliées, sans consistance, et qui, comme la feuille du métal battu, ne prennent de l'éclat qu'en perdant de la solidité [...].

« Bien penser, bien sentir et bien rendre »

Pour bien écrire, il faut donc posséder pleinement son sujet, il faut y réfléchir assez pour voir clairement l'ordre de ses pensées, et en former une suite, une chaîne continue, dont chaque point représente une idée ; et lorsqu'on aura pris la plume, il faudra la conduire successivement sur ce premier trait, sans lui permettre de s'en écarter, sans l'appuyer trop inégalement, sans lui donner d'autre mouvement que celui qui sera déterminé par l'espace qu'elle doit parcourir. C'est en cela que consiste la sévérité du style, c'est aussi ce qui en fera l'unité et ce qui en réglera la rapidité, et cela seul aussi suffira pour le rendre précis et simple, égal et clair, vif et suivi. [...]

Bien écrire, c'est tout à la fois bien penser, bien sentir et bien rendre, c'est avoir en même temps de l'esprit, de l'âme et du goût ; le style suppose la réunion et l'exercice de toutes les facultés intellectuelles ; les idées seules forment le fond du style, l'harmonie des paroles n'en est que l'accessoire, et ne dépend que de la sensibilité des organes [...].

Le ton

Le ton n'est que la convenance du style à la nature du sujet ; il ne doit jamais être forcé ; il naîtra naturellement du fond même de la chose, et dépendra beaucoup du point de généralité auquel on aura porté ses pensées. Si l'on s'est élevé aux idées les plus générales, et si l'objet en lui-même est grand, le ton paraîtra s'élever à la même hauteur ; et si en le soutenant à cette élévation, le génie fournit assez pour donner à chaque objet une forte lumière, si l'on peut ajouter la beauté du coloris à l'énergie du dessin, si l'on peut, en un mot, représenter chaque idée par une image vive et bien terminée, et former de chaque suite d'idées un tableau harmonieux et mouvant, le ton sera non seulement élevé, mais sublime. [...] Les ouvrages bien écrits seront les seuls qui passeront à la postérité : la quantité des connaissances, la singularité des faits, la nouveauté même des découvertes ne sont pas de sûrs garants de l'immortalité ; si les ouvrages qui les contiennent ne roulent que sur de petits objets, s'ils sont écrits sans goût, sans noblesse et sans génie, ils périront, parce que les connaissances, les faits et les découvertes s'enlèvent aisément, se transportent, et gagnent même à être mis en œuvre par des mains plus habiles. Ces choses sont hors de l'homme, le style est l'homme même : le style ne peut donc ni s'enlever, ni se transporter, ni s'altérer : s'il est élevé, noble, sublime, l'auteur sera également admiré dans tous les temps ; car il n'y a que la vérité qui soit durable et même éternelle.

Buffon, *Histoire naturelle, Suppléments*, tome IV, Paris, Imprimerie royale, 1777

L'élaboration de l'*Histoire naturelle*

Les rares manuscrits de Buffon qui ont été conservés et la correspondance échangée par lui avec ses collaborateurs et informateurs montrent avec quel soin le naturaliste vérifie et complète son information, revoit et corrige au besoin ses propres textes comme ceux qu'ont préparés Guéneau de Montbeillard ou l'abbé Bexon, surveille l'illustration, compose chaque volume de son œuvre et en suit l'impression.

À Guéneau de Monbeillard

20 mars 1762

Je suis très flatté, mon bon ami, que vous ayez adopté mes corrections. Vous en trouverez moins dans le second cahier de la copie que j'ai l'honneur de vous envoyer ci-joint ; mais vous en trouverez beaucoup plus dans le troisième et dernier cahier, que je vous renverrai dans quatre ou cinq jours. Vous verrez même peut-être avec regret que j'ai sabré de longues tirades tout entières ; mais il n'y a pas une correction ou suppression dont je ne puisse vous donner la raison, et, si j'étais auprès de vous, je crois que vous seriez de mon avis. Je vous ai déjà dit, mon bon ami, que l'ouvrage était trop long et que j'avais tâché de le raccourcir et de resserrer un peu le style. Je pense que, tel qu'il est maintenant, l'on n'aura plus de reproche à vous faire. Enfin j'ai traité vos feuilles comme les miennes, et, si j'avais été près de vous, vous auriez pu les rendre encore plus parfaites ; mais il y a mille et mille choses sur lesquelles on ne peut s'expliquer ou s'entendre par lettres ; j'espère cependant que vous apercevrez les raisons des abréviations lorsque vous lirez ce troisième cahier de copie. Il ne vous était pas possible d'y maintenir le même ton de gaieté, puisque tous les faits en sont assez tristes, et, à défaut de gaieté, j'ai cru qu'il fallait y substituer de la brièveté.

C'est à vous maintenant à me corriger moi-même ; en relisant votre ouvrage avec attention, vous pourrez encore y semer quelques fleurs. [...]
Je suis, mon cher bon ami, autant à vous qu'à moi-même.

Buffon,
Henri Nadault de Buffon,
Correspondance inédite de Buffon, Paris,
Hachette, 1860

Montbard, le 4 août 1777

Cher bon ami, dont je me fais honneur d'être en même temps le bon voisin, j'ai lu les ortolans avec plus de plaisir que je ne les aurais mangés. Cependant je les ai envoyés tout de suite à la broche de l'Imprimerie royale, et si les bruants et les bouvreuils sont déjà un peu avancés, vous aurez du temps pour les autres ; car ceux de ma composition qui suivent immédiatement le bouvreuil feront cent pages d'impression, en y comprenant les cottingas, qui sont de la vôtre, et qui me paraissent entièrement achevés.

Je vous saurai bien bon gré de profiter de ce petit loisir pour achever la traduction du *Progrès de l'esprit humain*. Le prince de Gonzague en pétille de joie et d'impatience, et, à tous égards, il mérite qu'on fasse pour lui ce qu'il désire. Il est enchanté de vous et de ma bonne amie ; il en parle avec enthousiasme, et me charge même de joindre ses hommages à mes respects pour elle ; mais vous devriez tous deux faire la partie de nous venir voir. Sur cela, je vous embrasse et je lui baise les mains.

Buffon,
idem

À l'abbé Bexon

Montbard, le 24 décembre 1779

Voilà le cormoran que je vous envoie, mon très cher monsieur, avec les premières corrections, car j'en ai fait de plus grandes sur la seconde copie ; mais en tout il est bien, et il n'a pas laissé de vous coûter beaucoup de temps pour les recherches.

Je vous ai dit par ma dernière lettre que je m'étais fort occupé à relire tous nos articles du huitième volume. Je compte que tout ce qui est fait, jusques et compris le cormoran, fera au moins trois cent trente pages d'impression ; à quoi ajoutant quarante pages, tant pour la table des matières que pour celle des chapitres, cela fait déjà trois cent soixante-dix pages pour ce volume, qui, d'ailleurs, contiendra vingt-neuf planches. Il ne nous faut donc plus qu'environ deux cents ou deux cent vingt pages au plus pour achever ce huitième volume ; et voici l'ordre dans lequel je désirerais que vous eussiez la bonté d'en préparer le travail.

Après le cormoran, nous pouvons placer les fous et les frégates, dont il y a sept espèces dans Brisson ; les paille-en-queue ou oiseaux des tropiques, trois espèces ; l'anhinga, une espèce ; le bec-en-ciseaux, une espèce ; les hirondelles de mer, sept espèces ; et enfin les goélands et les mouettes, quinze espèces, avec les plongeons, six espèces. J'imagine que ces articles sont suffisants pour achever ce huitième volume, et, s'ils excédaient les deux cent vingt pages, nous pourrions en ôter les plongeons.

Je fais cet arrangement dans la vue de commencer le neuvième volume par le bel article du cygne, en le continuant par les oies, les canards, souchets, morillons, sarcelles, etc., et de là passant aux pétrels, puffins, albatros, pingouins, etc., et finissant par le manchot, qui de tous les oiseaux l'est le moins. Vous me direz que ce restant d'oiseaux, que je destine à commencer le neuvième volume, n'en fera que le tiers ou peut-être le quart, c'est-à-dire cent cinquante ou deux cents pages ; mais nous y joindrons les articles de suppléments, qui en feront au moins autant, et ensuite la correspondance des noms, qu'il faudra prendre en faisant le dépouillement de tout l'ouvrage, depuis le premier volume jusqu'au neuvième, ce qui, seul, fera plus de cent pages, et cent trente y compris la table des matières, en sorte que ce neuvième volume sera tout aussi gros que les autres.

Ainsi vous avez le temps de bien peigner votre beau cygne ; mais je ne vous conseille pas de vous en occuper, non plus que des oies, des canards et des autres oiseaux estropiés qui doivent entrer dans ce neuvième volume, et de vous attacher actuellement à ceux qui doivent terminer le huitième.

M. de Montbeillard m'écrit aujourd'hui qu'il m'enverra dans huit jours la table entièrement faite du sixième volume, et je vous la ferai passer tout de suite pour la remettre à l'Imprimerie royale, parce que je vois qu'ils sont bientôt au bout de leur copie, qui finit à l'article du cincle, et que la table du sixième volume doit être imprimée la première après cet article, qui fait la fin du septième volume. J'ai aussi beaucoup avancé la table de ce septième volume, parce que je la continue sur les épreuves à mesure qu'elles m'arrivent ; mais il faudrait m'envoyer incessamment sept bonnes feuilles qui doivent être actuellement tirées, depuis la page 300 jusqu'à la page 416. C'est la seule chose qui me manque pour que cette table puisse être complètement achevée.

Je vous assure, mon cher abbé, que quoique je n'aie pas, à beaucoup près comme vous, la grande fatigue de ce travail, il me pèse néanmoins beaucoup, et que je désire autant que vous d'en être quitte, et de ne plus travailler sur des plumes.

Adieu, je vous embrasse, ainsi que vos bonnes et aimables dames.

Buffon,
idem

À M. Artur, médecin du roi, à Cayenne

Le docteur Jacques-François Artur (1736-1771) fut l'un des premiers Correspondants du Jardin du Roi.

Paris, le 10 février 1747

Je n'ai pas reçu, monsieur, les lettres que vous m'avez fait l'honneur de m'écrire, et il y a environ deux ans que j'ai reçu votre avant-dernière lettre. Cela ne m'a pas fait oublier, monsieur, les services que vous avez bien voulu nous faire pour le Jardin et pour le Cabinet, et j'en ai parlé plus d'une fois à M. le comte de Maurepas et à M. de La Porte ; mais la guerre fait la réponse à tout. J'espère cependant qu'au moyen d'un changement qui doit se faire dans les officiers de votre colonie, vous aurez lieu dans la suite d'être plus content.

Je vous ai recommandé et vous fais recommander par mes amis, et je vous assure que je l'ai fait avec la vivacité qu'inspire le désir sincère d'obliger.

Je suis bien aise que vous ayez pris quelque affection pour Buvée ; c'est un honnête garçon, courageux, et qui mérite qu'on s'intéresse à ce qui le regarde. S'il m'eût envoyé quelque chose, j'eusse peut-être obtenu quelques légers appointements pour lui. Ce sont surtout des animaux que nous désirons beaucoup, et je voudrais bien qu'il nous en envoyât ; et s'il y a quelques pierres figurées et d'autres pétrifications à Cayenne, je souhaiterais fort en avoir, aussi bien que des échantillons des pierres à bâtir et autres de ce pays.

Vous me feriez grand plaisir aussi de me dire si les montagnes de la Guyane sont fort considérables, et si le grand lac de Parime, qu'on appelait le lac d'Or, est connu : si quelqu'un y a été nouvellement, et si en effet il est d'une étendue si considérable, et s'il ne reçoit aucun fleuve.

Faites-moi l'amitié de me marquer quelles sont les espèces de poissons les plus communes sur vos côtes et dans les rivières de cette partie des Indes. Je vous demande grâce pour toutes ces questions, et je suis persuadé que vous voudrez bien répondre ce que vous en savez. Il y a encore un fait sur lequel je voudrais bien être éclairci, c'est de savoir s'il n'y a point de coquilles pétrifiées dans les Cordillères au Pérou. M. de La Condamine prétend en avoir cherché inutilement. Si par hasard vous trouvez quelqu'un qui puisse vous instruire sur cela, je vous en serai infiniment obligé. Faites-moi, monsieur, l'honneur de m'écrire aussi souvent que vous le pourrez, et ne doutez pas de l'attachement avec lequel je suis, monsieur, votre très humble et très obéissant serviteur.

Buffon,
idem

À Faujas de Saint-Fond

En 1770, Barthélemy Faujas de Saint-Fond (1741-1819) commence ses recherches sur les volcans éteints et entre en relation avec Buffon auquel il adresse des échantillons de matières volcaniques.

Au Jardin du Roi, le 28 mars 1777

À mon retour à Paris, monsieur, j'ai trouvé la collection choisie des matières volcanisées que vous avez eu la bonté de m'envoyer pour le Cabinet du Roi, et j'ai reconnu qu'elle a été faite avec autant de discernement que de connaissance. Cela me donne une grande curiosité de lire votre *Mémoire*, et je désirerais qu'il fût déjà publié, parce que je profiterais de vos observations et des lumières que vous aurez répandues sur cet objet. J'en ferais même un usage assez prompt, parce que je vais imprimer un volume de supplément à ma *Théorie de la terre*, dans lequel l'article des volcans tiendra une place assez considérable, et je serais enchanté de vous citer avec les nouvelles découvertes qu'ont produites vos recherches.

J'ai eu l'honneur de vous répondre, monsieur, avant d'avoir vu votre collection, et je ne me souviens pas bien si je vous ai envoyé un mandat pour les quatre premiers volumes in-4º de la nouvelle édition de mes ouvrages. En tout cas, c'est mon intention, et je vous supplie de me marquer si vous avez reçu ce mandat.

Les deux volumes suivants sont sous presse, et toute l'édition pourra être finie dans dix-huit mois. Je vous l'offre, non seulement avec plaisir, mais comme un hommage dû à votre mérite. C'est dans ces sentiments et avec une respectueuse considération que j'ai l'honneur d'être, monsieur, votre très humble et très obéissant serviteur.

Buffon,
idem

À M. Sonnini

*Charles-Nicolas Sonnini de Manoncourt (1751-1812), naturaliste voyageur et correspondant du Jardin du Roi, travaille quelque temps à Montbard avec Buffon pour l'*Histoire des oiseaux.

Paris, le 4 avril 1777

[…] Vous me ferez plaisir de m'envoyer ce que vous avez écrit sur les kakatoès et les loris, et il ne restera plus que les perroquets proprement dits, et les perruches de l'ancien continent.

On commence à imprimer le quatrième volume de l'*Histoire des Oiseaux*; il sera fini dans quatre mois, et, si M. Guéneau de Montbeillard se trouve alors en retard, je compte commencer le cinquième volume par le long article des perroquets. Ainsi, ne perdez pas de temps, je vous en prie, à travailler sur ce sujet et à m'envoyer tout ce que vous aurez fait.

Puisque vous ramassez des coquilles sur notre côte de la Méditerranée, vous pourriez m'en envoyer une petite caisse, en ne prenant qu'un individu de chaque espèce, et bien conservé; mais il ne faut pas laisser le poisson dans la coquille, pour éviter l'infection. Nous n'avons pas besoin de matières de volcans, à moins que ce ne fût quelque morceau qui vous parût singulier…

Votre petit ara ne jure plus, mais il ne prononce que deux ou trois mots; il est bien maigre, et il continue de perdre beaucoup de plumes; il ne veut manger ni pain, ni soupe, ni graines, et ne veut que du sucre et du biscuit, ce qui pourrait le trop échauffer; peut-être il se portera mieux lorsque sa mue sera entièrement passée…

J'ai l'honneur d'être, monsieur, votre très humble et très obéissant serviteur.

Buffon,
idem

« De la manière d'étudier l'histoire naturelle »

Quelle connaissance l'homme peut-il avoir de la nature? Y a-t-il un ordre à découvrir? À ces questions, Buffon, disciple de la philosophie sensualiste de John Locke, répond en critiquant les classifications, toujours arbitraires pour lui qui ne veut voir que des individus isolés, et prône une méthode inductive fondée sur l'observation des faits.

À l'égard de l'ordre général et de la méthode de distribution des différents sujets de l'histoire naturelle, on pourrait dire qu'il est purement arbitraire, et dès lors on est assez le maître de choisir celui qu'on regarde comme le plus commode ou le plus communément reçu ; mais avant que de donner les raisons qui pourraient déterminer à adopter un ordre plutôt qu'un autre, il est nécessaire de faire encore quelques réflexions, par lesquelles nous tâcherons de faire sentir ce qu'il peut y avoir de réel dans les divisions que l'on a faites des productions naturelles.

Pour le reconnaître, il faut nous défaire un instant de nos préjugés, et même nous dépouiller de nos idées. Imaginons un homme qui a en effet tout oublié ou qui s'éveille tout neuf, pour les objets qui l'environnent, plaçons cet homme dans une campagne où les animaux, les oiseaux, les poissons, les plantes, les pierres se présentent successivement à ses yeux. Dans les premiers instants, cet homme ne distinguera rien et confondra tout ; mais laissons ses idées s'affermir peu à peu par des sensations réitérées des mêmes objets; bientôt il se formera une idée générale de la matière animée, il la distinguera aisément de la matière inanimée, et peu de temps après il distinguera très bien la matière animée de la matière végétative, et naturellement il arrivera à cette première grande division, *animal, végétal, et minéral* ; et comme il aura pris en même temps, une idée nette de ces grands objets si différents, la terre, l'air, et l'eau, il viendra en peu de temps à se former une idée particulière des animaux qui habitent la terre, de ceux qui demeurent dans l'eau, et de ceux qui s'élèvent dans l'air, et par conséquent, il se fera aisément à lui-même cette seconde division, *animaux quadrupèdes, oiseaux, poissons ;* il en est de même dans le règne végétal, des arbres et des plantes; il les distinguera très bien, soit par leur grandeur, soit par leur substance, soit par leur figure. Voilà ce que la simple inspection doit nécessairement lui donner, et ce qu'avec une très légère attention il ne peut manquer de reconnaître ; c'est là aussi ce que nous devons regarder comme réel, et ce que nous devons respecter comme une division donnée par la Nature même.

Ensuite mettons-nous à la place de cet homme, ou supposons qu'il ait acquis autant de connaissance, et qu'il ait autant d'expérience que nous en avons, il viendra à juger les objets de l'histoire naturelle par les rapports qu'ils auront avec lui; ceux qui lui seront les plus

nécessaires, les plus utiles, tiendront le premier rang; par exemple, il donnera dans l'ordre des animaux au cheval, au chien, au bœuf, etc. et il connaîtra toujours mieux ceux qui lui seront les plus familiers ; ensuite il s'occupera de ceux qui, sans être familiers, ne laissent pas que d'habiter les mêmes lieux, les mêmes climats, comme les cerfs, les lièvres et tous les animaux sauvages, et ce ne sera qu'après toutes ces connaissances acquises que sa curiosité le portera à rechercher ce que peuvent être les animaux des climats étrangers, comme les éléphants, les dromadaires, etc. Il en sera de même pour les poissons, pour les oiseaux, pour les insectes, pour les coquillages, pour les plantes, pour les minéraux, et pour toutes les autres productions de la Nature ; il les étudiera à proportion de l'utilité qu'il en pourra tirer, il les considérera à mesure qu'ils se présenteront plus familièrement, et il les rangera dans sa tête relativement à cet ordre de ses connaissances, parce que c'est en effet l'ordre selon lequel il les a acquises, et selon lequel il lui importe de les conserver.

Cet ordre, le plus naturel de tous, est celui que nous avons cru devoir suivre. Notre méthode de distribution n'est pas plus mystérieuse que ce qu'on vient de voir, nous partons des divisions générales telles qu'on vient de les indiquer, et que personne ne peut contester, et ensuite, nous prenons les objets qui nous intéressent le plus par les rapports qu'ils ont avec nous, et de là nous passons peu à peu jusqu'à ceux qui sont les plus éloignés et qui nous sont étrangers, et nous croyons que cette façon simple et naturelle de considérer les choses est préférable aux méthodes les plus recherchées et les plus composées, parce qu'il n'y en a pas une, et de celles qui sont faites, et de toutes celles que l'on peut faire, où il n'y ait plus d'arbitraire que dans celle-ci, et qu'à tout prendre il nous est plus facile, plus agréable et plus utile de considérer les choses par rapport à nous que sous aucun autre point de vue.

Buffon, « De la manière d'étudier et de traiter l'histoire naturelle », *Histoire naturelle,* tome I, Paris, Imprimerie royale, 1749, pp. 31-34

La zoologie de Buffon

Buffon n'a pas étudié tous les animaux mais sa connaissance approfondie des mammifères et des oiseaux – une grande part des vertébrés – le conduit à formuler des idées fécondes, plus tard devenues de véritables théories. Ainsi en est-il de l'unité de plan d'organisation, érigée en principe absolu par Étienne Geoffroy Saint-Hilaire (1772-1844), et de la subordination des organes, prônée en botanique par Antoine Laurent de Jussieu (1748-1836) et, en anatomie comparée, par Georges Cuvier (1769-1832).

Un plan d'organisation unique commun à tous les vertébrés

Si, dans l'immense variété que nous présentent tous les êtres animés qui peuplent l'Univers, nous choisissons un animal, ou même le corps de l'homme pour servir de base à nos connaissances, et y rapporter, par la voie de la comparaison, les autres êtres organisés, nous trouverons que, quoique tous ces êtres existent solitairement, et que tous varient par des différences graduées à l'infini, il existe en même temps un dessein primitif et général qu'on peut suivre très loin, et dont les dégradations sont bien plus lentes que celles des figures et des autres rapports apparents ; car, sans parler des organes de la digestion, de la circulation et de la génération, qui appartiennent à tous les animaux, et sans lesquels l'animal cesserait d'être animal et ne pourrait ni subsister ni se reproduire, il y a, dans les parties mêmes qui contribuent le plus à la variété de la forme extérieure, une prodigieuse ressemblance qui nous rappelle nécessairement l'idée d'un premier dessein, sur lequel tout semble avoir été conçu : le corps du cheval, par exemple, qui du premier coup d'œil paraît si différent du corps de l'homme, lorsqu'on vient à le comparer en détail et partie par partie, au lieu de surprendre par la différence, n'étonne plus que par la ressemblance singulière et presque complète qu'on y trouve : en effet, prenez le squelette de l'homme, inclinez les os du bassin, raccourcissez les os des cuisses, des jambes et des bras, allongez ceux des pieds et des mains, soudez ensemble les phalanges, allongez les mâchoires en raccourcissant l'os frontal, et enfin allongez aussi l'épine du dos, ce squelette cessera de représenter la dépouille d'un homme, et sera le squelette d'un cheval ; car on peut aisément supposer qu'en allongeant l'épine du dos et les mâchoires, on augmente en même temps le nombre des vertèbres, des côtes et des dents, et ce n'est en effet que par le nombre de ces os, qu'on peut regarder comme accessoires, et par l'allongement, le raccourcissement ou la jonction des autres, que la charpente du corps de cet animal diffère de la charpente du corps humain.

On vient de voir, dans la description du cheval, ces faits trop bien établis pour pouvoir en douter ; mais, pour suivre ces rapports encore plus loin, que l'on considère séparément quelques parties essentielles à la forme, les côtes, par exemple, on les trouvera dans l'homme, dans tous les quadrupèdes, dans les oiseaux, dans les poissons, et on en suivra les vestiges jusque dans la tortue, où elles paraissent encore dessinées par les sillons qui sont sous son écaille ; que l'on considère, comme l'a remarqué M. Daubenton, que le pied d'un cheval, en apparence si différent de la main de l'homme, est cependant composé des mêmes os, et que nous avons à l'extrémité de chacun de nos doigts, le même osselet en fer à cheval qui termine le pied de cet animal ; et l'on jugera si cette ressemblance cachée n'est pas plus merveilleuse que les différences apparentes, si cette conformité constante et ce dessein suivi de l'homme aux quadrupèdes, des quadrupèdes aux cétacés, des cétacés aux oiseaux, des oiseaux aux reptiles, des reptiles aux poissons, etc. dans lesquels les parties essentielles, comme le cœur, les intestins, l'épine du dos, les sens, etc. se trouvent toujours, ne semblent pas indiquer qu'en créant les animaux, l'Être suprême n'a voulu employer qu'une idée, et la varier en même temps de toutes les manières possibles, afin que l'homme pût admirer également, et la magnificence de l'exécution, et la simplicité du dessein.

Buffon, « L'Asne », *Histoire naturelle,* tome IV, Paris, Imprimerie royale, 1753, pp. 379-380

Le principe de subordination des organes

Comparons, pour nous faire mieux entendre, le corps de l'homme avec celui d'un animal, par exemple, avec le corps du cheval, du bœuf, du cochon, etc., la partie intérieure qui agit continuellement, c'est-à-dire, le cœur et les poumons, ou plus généralement les organes de la circulation et de la respiration, sont à peu près les mêmes dans l'homme et dans l'animal [...].

En prenant donc le cœur pour centre dans la machine animale, je vois que l'homme ressemble parfaitement aux animaux par l'économie de cette partie et des autres qui en sont voisines ; mais plus on s'éloigne de ce centre, plus les différences deviennent considérables, et c'est aux extrémités où elles sont les plus grandes ; et lorsque dans ce centre même il se trouve quelque différence, l'animal est alors infiniment plus différent de l'homme, il est, pour ainsi dire, d'une autre nature, et n'a rien de commun avec les espèces d'animaux que nous considérons. Dans la plupart des Insectes, par exemple, l'organisation de cette principale partie de l'économie animale est singulière ; au lieu de cœur et de poumons on y trouve des parties qui servent de même aux fonctions vitales, et que par cette raison l'on a regardé comme analogues à ces viscères, mais qui réellement en sont très différentes, tant par la structure que par le résultat de leur action : aussi les Insectes diffèrent-ils, autant qu'il est possible, de l'homme et des autres animaux. Une légère différence dans ce centre de l'économie animale est toujours accompagnée d'une différence infiniment plus grande dans les parties extérieures.

Buffon, « De la Description des Animaux », *idem*, pp. 11-12

Les « Variétés dans l'espèce humaine »

*Dans le dernier chapitre de l'*Histoire naturelle de l'Homme*, Buffon se livre à un tour du monde ethnographique, remarquablement documenté, dont les grandes articulations sont rythmées par des exposés plus théoriques sur les causes de la diversité des types humains. Cette diversité ne contredit pas l'unité de l'espèce humaine, explicitement affirmée contre l'opinion alors la plus généralement admise.*

Tout ce que nous avons dit jusqu'ici de la génération de l'homme, de sa formation, de son développement [...] ne fait encore que l'histoire de l'individu, celle de l'espèce demande un détail particulier, dont les faits principaux ne peuvent se tirer que des variétés qui se trouvent entre les hommes des différents climats. La première et la plus remarquable de ces variétés est celle de la couleur, la seconde est celle de la forme et de la grandeur, et la troisième est celle du naturel des différents peuples. [...]

« La chaleur du climat est la principale cause de la couleur noire »

Lorsque cette chaleur est excessive, comme au Sénégal et en Guinée, les hommes sont tout à fait noirs ; lorsqu'elle est un peu moins forte, comme sur les côtes orientales de l'Afrique, les hommes sont moins noirs ; lorsqu'elle commence à devenir un peu plus tempérée, comme en Barbarie, au Mogol, en Arabie, etc., les hommes ne sont que bruns ; et enfin lorsqu'elle est tout à fait tempérée, comme en Europe et en Asie, les hommes sont blancs, on y remarque seulement quelques variétés qui ne viennent que de la manière de vivre, par exemple, tous les Tartares sont basanés, tandis que les peuples d'Europe qui sont sous la même latitude sont blancs : on doit, ce me semble, attribuer cette différence à ce que les Tartares sont toujours exposés à l'air, qu'ils n'ont ni villes ni demeures fixes, qu'ils couchent sur la terre, qu'ils vivent d'une manière dure et sauvage, cela seul suffit pour qu'ils soient moins blancs que les peuples de l'Europe auxquels il ne manque rien de tout ce qui peut rendre la vie douce : pourquoi les Chinois sont-ils plus blancs que les Tartares, auxquels ils ressemblent d'ailleurs par tous les traits du visage ? c'est parce qu'ils habitent dans des villes, parce qu'ils sont policés, parce qu'ils ont tous les moyens de se garantir des injures de l'air et de la terre, et que les Tartares y sont perpétuellement exposés.

Mais lorsque le froid devient extrême, il produit quelques effets semblables à ceux de la chaleur excessive ; les Samoyèdes, les Lapons, les Groenlandais sont fort basanés ; on assure même, comme nous l'avons dit, qu'il se trouve parmi les Groenlandais des hommes aussi noirs que ceux de l'Afrique : les deux extrêmes, comme l'on voit, se rapprochent encore ici, un froid très vif et une chaleur brûlante produisent le même effet sur la peau, parce que l'une et l'autre de ces deux causes agissent par une qualité qui leur est commune, cette qualité est la sécheresse qui, dans un air très froid, peut être aussi grande que dans un air chaud, le froid comme le chaud doit dessécher la peau, l'altérer et lui donner cette couleur basanée que l'on trouve dans les Lapons. Le froid resserre, rapetisse et réduit à un moindre volume toutes les productions de la Nature, aussi les Lapons qui sont perpétuellement exposés à la rigueur du plus grand froid, sont les plus petits de tous les hommes. Rien ne prouve mieux l'influence du climat que cette race Lapone qui se trouve placée tout le long du cercle polaire dans une très longue zone, dont la largeur est bornée par celle d'un climat excessivement froid, et finit dès qu'on arrive dans un pays un peu plus tempéré. [...]

« La nourriture fait beaucoup à la forme »

La nourriture, qui fait à la couleur beaucoup moins que le climat, fait beaucoup à la forme. Des nourritures grossières, mal saines ou mal préparées peuvent faire dégénérer l'espèce humaine, tous les peuples qui vivent misérablement sont laids et mal faits ; chez nous-mêmes les gens de la campagne sont plus laids que ceux des villes, et j'ai souvent remarqué que dans les villages où la pauvreté est moins grande que dans les autres villages voisins, les hommes y sont aussi mieux faits et les visages moins laids. L'air et la terre influent beaucoup sur la forme des hommes, des animaux, des plantes : qu'on examine dans le même canton les hommes qui habitent les terres élevées, comme les coteaux ou le dessus des collines, et qu'on les compare avec ceux qui occupent le milieu des vallées voisines, on trouvera que les premiers sont agiles, dispos, bien faits, spirituels, et que les femmes y sont communément jolies ; au lieu que dans le plat pays, où la terre est grosse, l'air épais, et l'eau moins pure, les paysans sont grossiers, pesants, mal faits, stupides, et les paysannes presque toutes laides. [...]

« Une seule espèce d'hommes »

Tout concourt donc à prouver que le genre humain n'est pas composé d'espèces essentiellement différentes entre elles, qu'au contraire il n'y a eu originairement qu'une seule espèce d'hommes, qui s'étant multipliée et répandue sur toute la surface de la terre, a subi différents changements par l'influence du climat, par la différence de la nourriture, par celle de la manière de vivre, par les maladies épidémiques, et aussi par le mélange varié à l'infini des individus plus ou moins ressemblants ; que d'abord ces altérations n'étaient pas si marquées, et ne produisaient que des variétés individuelles ; qu'elles sont ensuite devenues variétés de l'espèce, parce qu'elles sont devenues plus générales, plus sensibles et plus constantes par l'action continuée de ces mêmes causes ; qu'elles se sont perpétuées et qu'elles se perpétuent de génération en génération, comme les difformités ou les maladies des pères et mères passent à leurs enfants ; et qu'enfin, comme elles n'ont été produites originairement que par le concours de causes extérieures et accidentelles, qu'elles n'ont été confirmées et rendues constantes que par le temps et l'action continuée de ces mêmes causes, il est très probable qu'elles disparaîtraient aussi peu à peu, et avec le temps, ou même qu'elles deviendraient différentes de ce qu'elles sont aujourd'hui, si ces mêmes causes ne subsistaient plus, ou si elles venaient à varier dans d'autres circonstances et par d'autres combinaisons.

Buffon, «Variétés dans l'espèce humaine», *Histoire naturelle*, tome III, 1749, pp. 371-530

«De la dégénération des animaux»

*Dans l'*Histoire naturelle*, Buffon aborde plusieurs fois le thème de la « dégénération » avant de résumer sa pensée dans un chapitre de soixante pages, placé à la fin du tome XIV. Le naturaliste y entrevoir la possibilité d'une transformation des espèces. Mais il ne s'agit pas encore de « transformisme », encore moins d'« évolution » puisque le processus décrit par Buffon s'apparente à une déchéance.*

La température du climat, la qualité de la nourriture et les maux d'esclavage, voilà les trois causes de changement, d'altération et de dégénération dans les animaux. Les effets de chacune méritent d'être considérés en particulier, et leurs rapports vus en détail nous présenteront un tableau au-devant duquel on verra la Nature telle qu'elle est aujourd'hui, et dans le lointain, on apercevra ce qu'elle était avant sa dégradation. [...]

La nourriture et le climat

L'espèce du bœuf est celle de tous les animaux domestiques sur laquelle la nourriture paraît avoir la plus grande influence ; il devient d'une taille prodigieuse dans les contrées où le pâturage est riche et toujours renaissant ; les Anciens ont appelé taureau-éléphants les bœufs d'Éthiopie et de quelques autres provinces de l'Asie, où ces animaux approchent en effet de la grandeur de l'éléphant ; l'abondance des herbes, et leur qualité substantielle et succulente produisent cet effet ; nous en avons la preuve même dans notre climat ; un bœuf nourri sur les têtes des montagnes vertes de Savoie ou de Suisse, acquiert le double du volume de celui de nos bœufs, et néanmoins ces bœufs de Suisse sont comme les nôtres enfermés dans l'étable et réduits au fourrage pendant la plus grande partie de l'année : mais ce qui fait cette grande différence, c'est qu'en Suisse on les met en pleine pâture, dès que les neiges sont fondues ; au lieu que dans nos provinces on leur interdit l'entrée des prairies jusqu'après la récolte de l'herbe qu'on réserve aux chevaux [...]. Le climat a aussi beaucoup influé sur la nature du bœuf ; dans les terres du Nord des deux continents, il est couvert d'un poil long et doux comme de la fine laine ; il porte aussi une grosse loupe sur les épaules, et cette difformité se trouve également dans tous les bœufs de l'Asie, de l'Afrique et de l'Amérique ; il n'y a que ceux d'Europe qui ne soient pas bossus ; cette race d'Europe est cependant la race primitive à laquelle les races bossues remontent par le mélange dès la première ou la seconde génération ; et ce qui prouve encore que cette race bossue n'est qu'une variété de la première, c'est qu'elle est sujette à de plus grandes altérations et à des dégradations qui paraissent excessives ; car il y a dans ces bœufs bossus des différences énormes pour la taille ; le petit zébu de l'Arabie a tout au plus la dixième partie du volume du taureau-éléphant d'Éthiopie.

En général, l'influence de la nourriture est plus grande, et produit des effets plus sensibles sur les animaux qui se nourrissent d'herbes ou de fruits ; ceux au contraire qui ne vivent que de proie, varient moins par cette cause que par l'influence du climat ; parce que la chair est un aliment préparé et déjà assimilé à la nature de l'animal carnassier qui la dévore ; au lieu que l'herbe étant le premier produit de la terre, elle en a toutes les propriétés, et transmet immédiatement les qualités terrestres à l'animal qui s'en nourrit.

La domesticité

L'espèce sur laquelle le poids de l'esclavage paraît avoir le plus appuyé et fait les impressions les plus profondes, c'est celle du chameau, il naît avec des loupes sur le dos, et des callosités sur la poitrine et sur les genoux : ces callosités sont des plaies évidentes occasionnées par le frottement, car elles sont remplies de pus et de sang corrompu : comme il ne marche jamais qu'avec une grosse charge, la pression du fardeau a commencé par empêcher la libre extension et l'accroissement uniforme des parties musculeuses du dos, ensuite elle a fait gonfler la chair aux endroits voisins : et comme lorsque le chameau veut se reposer ou dormir, on le contraint d'abord à s'abattre sur ses jambes repliées, et que peu à peu il en prend l'habitude de lui-même, tout le poids de son corps porte pendant plusieurs heures de suite, chaque jour, sur sa poitrine et ses genoux ; et la peau de ces parties pressée, frottée contre la terre se dépile, se froisse, se durcit et se désorganise. […]

La reproduction

Les animaux sauvages n'étant pas immédiatement soumis à l'empire de l'homme, ne sont pas sujets à d'aussi grandes altérations que les animaux domestiques […].

Le climat et la nourriture ayant peu d'influence sur les animaux libres, et l'empire de l'homme en ayant encore moins, leurs principales variétés viennent d'une autre cause ; elles sont relatives à la combinaison du nombre dans les individus, tant de ceux qui produisent, que de ceux qui sont produits. Dans les espèces, comme celle du chevreuil où le mâle s'attache à sa femelle et ne la change pas, les petits démontrent la constante fidélité de leurs parents par leur entière ressemblance entre eux ; dans celles, au contraire, où les femelles changent souvent de mâle, comme dans celle du cerf, il se trouve des variétés assez nombreuses ; et comme dans toute la Nature il n'y a pas un seul individu qui soit parfaitement ressemblant à un autre, il se trouve d'autant plus de variétés dans les animaux, que le nombre de leur produit est plus grand et plus fréquent. Dans les espèces où la femelle produit cinq ou six petits, trois ou quatre fois par an, de mâles différents, il est nécessaire que le nombre des variétés soit beaucoup plus grand que dans celles où le produit est annuel et unique : aussi les espèces inférieures, les petits animaux qui tous produisent plus souvent et en plus grand nombre que ceux des espèces majeures, sont-elles sujettes à plus de variétés. La grandeur du corps qui ne paraît être qu'une quantité relative, a néanmoins des attributs positifs et des droits réels dans l'ordonnance de la Nature ; le grand y est aussi fixe que le petit y est variable […].

Buffon, «De la dégénération des animaux», *Histoire naturelle*, tome XIV, Paris, Imprimerie royale, 1766, pp. 311-374

« Des Époques de la Nature »

Les « Époques de la Nature » passent à juste titre pour l'un des textes de Buffon les plus importants par le fond et les plus accomplis par la forme. En dépit des erreurs qu'elles contiennent, Les « Époques de la Nature » forment un système cohérent, logique, rationnel. Elles sont, a pu écrire Jacques Roger, « l'une des œuvres les plus importantes de l'histoire de la pensée moderne ».

Comme dans l'Histoire civile, on consulte les titres, on recherche les médailles, on déchiffre les inscriptions antiques, pour déterminer les époques des révolutions humaines, et constater les dates des événements moraux ; de même, dans l'Histoire Naturelle, il faut fouiller les archives du monde, tirer des entrailles de la terre les vieux monuments, recueillir leurs débris, et rassembler en un corps de preuves tous les indices des changements physiques qui peuvent nous faire remonter aux différents âges de la Nature. C'est le seul moyen de fixer quelques points dans l'immensité de l'espace, et de placer un certain nombre de pierres numéraires sur la route éternelle du temps. Le passé est comme la distance ; notre vue y décroît, et s'y perdrait de même, si l'Histoire et la Chronologie n'eussent placé des fanaux, des flambeaux aux points les plus obscurs ; mais malgré ces lumières de la tradition écrite, si l'on remonte à quelques siècles ; que d'incertitudes dans les faits ! que d'erreurs sur les causes des événements ! et quelle obscurité profonde n'environne pas les temps antérieurs à cette tradition ! D'ailleurs elle ne nous a transmis que les gestes de quelques Nations, c'est-à-dire, les actes d'une très petite partie du genre humain ; tout le reste des hommes est demeuré nul pour nous, nul pour la postérité ; ils ne sont sortis de leur néant que pour passer comme des ombres qui ne laissent point de traces [...].

Ainsi l'Histoire civile, bornée d'un côté par les ténèbres d'un temps assez voisin du nôtre, ne s'étend de l'autre, qu'aux petites portions de terre qu'ont occupées successivement les peuples soigneux de leur mémoire. Au lieu que l'Histoire Naturelle embrasse également tous les espaces, tous les temps, et n'a d'autres limites que celles de l'Univers.

La Nature étant contemporaine de la matière, de l'espace et du temps, son histoire est celle de toutes les substances, de tous les lieux, de tous les âges : et quoiqu'il paraisse à la première vue que ses grands ouvrages ne s'altèrent ni ne changent, et que dans ses productions même les plus fragiles et les plus passagères, elle se montre toujours et constamment la même, puisqu'à chaque instant ses premiers modèles reparaissent à nos yeux sous de nouvelles représentations ; cependant, en l'observant de près, on s'apercevra que son cours n'est pas absolument uniforme ; on reconnaîtra qu'elle admet des variations sensibles, qu'elle reçoit des altérations successives, qu'elle se prête même à des combinaisons nouvelles, à des mutations de matière et de forme ; qu'enfin, autant elle paraît fixe dans son tout, autant elle est variable dans chacune de ses parties ; et si nous l'embrassons dans toute son étendue, nous ne pourrons douter qu'elle ne soit aujourd'hui très différente de ce qu'elle était au commencement et de ce qu'elle est devenue dans la succession des temps : ce sont ces changements divers que nous appelons ses époques. La Nature s'est trouvée dans différents états ; la surface de la terre a pris successivement des formes différentes ; les cieux même ont varié, et toutes les choses de l'univers physique sont comme celles du monde moral, dans un mouvement continuel de variations successives. Par exemple, l'état dans lequel nous voyons aujourd'hui la Nature, est autant notre ouvrage que le sien ; nous avons su la tempérer, la modifier, la plier à nos besoins, à nos désirs ; nous avons sondé, cultivé, fécondé la terre : l'aspect sous lequel elle se présente est donc bien différent de celui des temps antérieurs à l'invention des arts. L'âge d'or de la morale, ou plutôt de la fable, n'était que l'âge du fer de la physique et de la vérité. L'homme de ce temps encore à demi sauvage, dispersé, peu nombreux, ne sentait pas sa puissance, ne connaissait pas sa vraie richesse ; le trésor de ses lumières était enfoui ; il ignorait la force des volontés unies, et ne se doutait pas que, par la société et par des travaux suivis et concertés, il viendrait à bout d'imprimer ses idées sur la face entière de l'Univers.

Aussi faut-il aller chercher et voir la Nature dans ces régions nouvellement découvertes, dans ces contrées de tout temps inhabitées, pour se former une idée de son état ancien ; et cet état ancien est encore bien moderne en comparaison de celui où nos continents terrestres étaient couverts par les eaux, où les poissons habitaient sur nos plaines, où nos montagnes formaient les écueils des mers : Combien de changements et de différents états ont dû se succéder depuis ces temps antiques (qui cependant n'étaient pas les premiers) jusqu'aux âges de l'Histoire ! Que de choses ensevelies ! combien d'événements entièrement oubliés ! que de révolutions antérieures à la mémoire des hommes ! Il a fallu une très longue suite d'observations ; il a fallu trente siècles de culture à l'esprit humain, seulement pour reconnaître l'état présent des choses. La terre n'est pas encore entièrement découverte ; ce n'est que depuis peu qu'on a déterminé sa figure ; ce n'est que de nos jours qu'on s'est élevé à la théorie de sa forme intérieure, et qu'on a démontré l'ordre et la disposition des matières dont elle est composée : ce n'est donc que de cet instant où l'on peut commencer à comparer la Nature avec elle-même, et remonter de son état actuel et connu à quelques époques d'un état plus ancien.

Mais comme il s'agit ici de percer la nuit des temps ; de reconnaître par l'inspection des choses actuelles l'ancienne existence des choses anéanties, et de remonter par la seule force des faits subsistants à la vérité historique des faits ensevelis ; comme il s'agit en un mot de juger, non seulement le passé moderne, mais le passé le plus ancien, par le seul présent, et que pour nous élever jusqu'à ce point de vue, nous avons besoin de toutes nos forces réunies, nous emploierons trois grands moyens : 1° Les faits qui peuvent nous rapprocher de l'origine de la Nature ; 2° les monuments qu'on doit regarder comme les témoins de ses premiers âges ; 3° les traditions qui peuvent nous donner quelque idée des âges subséquents ; après quoi nous tâcherons de lier le tout par des analogies, et de former une chaîne qui, du sommet de l'échelle du temps, descendra jusqu'à nous. [...]

Cinquième Époque. Lorsque les Éléphants et les autres animaux du Midi ont habité les terres du Nord.

Tout ce qui existe aujourd'hui dans la Nature vivante a pu exister de même dès que la température de la Terre s'est trouvée la même. Or les contrées septentrionales du globe ont joui pendant longtemps du même degré de chaleur dont jouissent aujourd'hui les terres méridionales ; et dans le temps où ces contrées du Nord jouissaient de cette température, les terres avancées vers le Midi étaient encore brûlantes et sont demeurées désertes pendant un long espace de temps. […] ce n'est donc que longtemps après cette période de trente-six mille ans que les êtres doués d'une sensibilité pareille à celle que nous leur connaissons, ont pu naître et subsister […]. Il a pu exister alors des végétaux, des coquillages et des poissons d'une nature moins sensible à la chaleur dont les espèces ont été anéanties par le refroidissement dans les âges subséquents, et ce sont ceux dont nous trouvons les dépouilles et les détriments dans les mines de charbon, dans les ardoises, dans les schistes et dans les couches d'argile, aussi bien que dans les bancs de marbres et des autres matières calcaires ; mais toutes les espèces plus sensibles et particulièrement les animaux terrestres n'ont pu naître et se multiplier que dans des temps postérieurs et plus voisins du nôtre.

Et dans quelle contrée du Nord les premiers animaux terrestres auront-ils pris naissance ? n'est-il pas probable que c'est dans les terres les plus élevées, puisqu'elles ont été refroidies avant les autres ? Et n'est-il pas également probable que les éléphants et les autres animaux actuellement habitant les terres du Midi, sont nés les premiers de tous, et qu'ils ont occupé ces terres du Nord pendant quelques milliers d'années, et longtemps avant la naissance des rennes qui habitent aujourd'hui ces mêmes terres du Nord ? Dans ce temps, qui n'est guère éloigné du nôtre que de quinze mille ans, les éléphants, les rhinocéros, les hippopotames, et probablement toutes les espèces qui ne peuvent se multiplier actuellement que sous la zone torride, vivaient donc et se multipliaient dans les terres du Nord, dont la chaleur était au même degré, et par conséquent tout aussi convenable à leur nature ; ils y étaient en grand nombre, ils y ont séjourné longtemps ; la quantité d'ivoire et de leurs autres dépouilles que l'on a découvertes et que l'on découvre tous les jours dans ces contrées septentrionales, nous démontre évidemment quelles ont été leur patrie, leur pays natal et certainement la première terre qu'ils aient occupée ; mais de plus ils ont existé en même temps dans les contrées septentrionales de l'Europe, de l'Asie et de l'Amérique ; ce qui nous fait connaître que les deux continents étaient alors contigus, et qu'ils n'ont été séparés que dans des temps subséquents. J'ai dit que nous avions au Cabinet du Roi des défenses d'éléphants trouvées en Russie et en Sibérie, et d'autres qui ont été trouvées au Canada, près de la rivière d'Ohio. Les grosses dents molaires de l'hippopotame et de l'énorme animal dont l'espèce est perdue, nous sont arrivées du Canada, et d'autres toutes semblables sont venues de Tartarie et de Sibérie. On ne peut donc pas douter que ces animaux qui n'habitent aujourd'hui que les terres du Midi de notre continent, n'existassent aussi dans les terres septentrionales de l'autre et dans le même temps, car la Terre était également chaude ou refroidie au même degré dans tous deux. […]

Nous ne pouvons douter qu'après avoir occupé les parties septentrionales de la Russie et de la Sibérie jusqu'au 60e degré, où l'on a trouvé leurs dépouilles en grande quantité, ils n'aient ensuite gagné les terres moins septentrionales ; puisqu'on trouve encore de ces mêmes dépouilles en Moscovie, en Pologne, en Allemagne, en Angleterre, en France, en Italie ; en sorte qu'à mesure que les terres du Nord se refroidissaient, ces animaux cherchaient des terres plus chaudes ; et il est clair que tous les climats, depuis le Nord jusqu'à l'Équateur, ont successivement joui du degré de chaleur convenable à leur nature [...].

Mais cette marche régulière qu'ont suivie les plus grands, les premiers animaux dans notre continent, paraît avoir souffert des obstacles dans l'autre : il est très certain qu'on a trouvé, et il est très probable qu'on trouvera encore des défenses et des ossements d'éléphants au Canada, dans le pays des Illinois, au Mexique et dans quelques autres endroits de l'Amérique septentrionale ; mais nous n'avons aucune observation, aucun monument qui nous indiquent le même fait pour les terres de l'Amérique méridionale. D'ailleurs, l'espèce même de l'éléphant qui s'est conservée dans l'ancien continent, ne subsiste plus dans l'autre : non seulement cette espèce, ni aucune autre de toutes celles des animaux terrestres qui occupent actuellement les terres méridionales de notre continent, ne se sont trouvées dans les terres méridionales du nouveau Monde, mais même il paraît qu'ils n'ont existé que dans les contrées septentrionales de ce nouveau continent ; et cela, dans le même temps qu'ils existaient dans celles de notre continent. Ce fait ne démontre-t-il pas que l'ancien et le nouveau continent n'étaient pas alors séparés vers le Nord, et que leur séparation ne s'est faite que postérieurement au temps de l'existence des éléphants dans l'Amérique septentrionale, où leur espèce s'est probablement éteinte par le refroidissement, et à peu près dans le temps de cette séparation des continents, parce que ces animaux n'auront pu gagner les régions de l'Équateur dans ce nouveau continent comme ils l'ont fait dans l'ancien, tant en Asie qu'en Afrique ? En effet, si l'on considère la surface de ce nouveau continent, on voit que les parties méridionales voisines de l'isthme de Panama sont occupées par de très hautes montagnes : les éléphants n'ont pu franchir ces barrières invincibles pour eux, à cause du trop grand froid qui se fait sentir sur ces hauteurs : ils n'auront donc pas été au-delà des terres de l'Isthme, et n'auront subsisté dans l'Amérique septentrionale, qu'autant qu'aura duré dans cette terre le degré de chaleur nécessaire à leur multiplication. Il en est de même de tous les autres animaux des parties méridionales de notre continent, aucun ne s'est trouvé dans les parties méridionales de l'autre. [...]

Les animaux, au contraire, qui peuplent actuellement nos régions tempérées et froides, se trouvent également dans les parties septentrionales des deux continents ; ils y sont nés postérieurement aux premiers et s'y sont conservés, parce que leur nature n'exige pas une aussi grande chaleur. Les rennes et les autres animaux qui ne peuvent subsister que dans les climats les plus froids, sont venus les derniers, et qui sait si par succession de temps, lorsque la Terre sera plus refroidie, il ne paraîtra pas de nouvelles espèces dont le tempérament différera de celui du renne autant que la nature du renne diffère à cet égard de celle de l'éléphant ?

Buffon, «Des Époques de la nature», *Histoire naturelle, Suppléments*, tome V, Paris, Imprimerie royale, 1778, pp. 1-254

La postérité scientifique de l'œuvre de Buffon

*Monumentale et encyclopédique, l'*Histoire naturelle, *n'est, ni par son esprit, ni par son style, une œuvre scientifique au sens moderne. C'est l'une des raisons pour laquelle, jusqu'à une période récente, on l'a souvent reléguée au rang de simple œuvre littéraire. Pourtant, comme le soulignent le biologiste Jean Rostand et l'historien Claude Blanckaert, elle porte en elle les grandes idées qui ont donné naissance, au siècle suivant, aux sciences de la vie et de la Terre.*

Un véritable biologiste

Grand descripteur d'animaux, profond philosophe de la nature, et, de surcroît, écrivain splendide, surtout quand il ne s'applique pas trop à l'être, Buffon est une haute figure de l'histoire de la biologie. Ce n'est pas ici le lieu de vanter ses mérites proprement littéraires [...] mais, du seul point de vue scientifique, il occupe un rang prééminent.

Sans doute, sur le terrain des faits, a-t-il commis de très fortes erreurs, et qui ne sont point toutes la conséquence de l'époque et des préjugés qu'il respire. On le voit, en plein XVIIIe siècle, et près de cent ans après la fameuse expérience de Francesco Redi, soutenir, contre l'opinion courante des spécialistes, qu'une foule d'animaux relativement élevés en organisation peuvent devoir l'existence à la génération spontanée. Taenias, ascarides, douves et anguillules, moucherons et chenilles, poux et cloportes, tout cela Buffon le fait naître de la pourriture, et ainsi marque-t-il un notable recul sur la pensée de son temps. Mais, en revanche, que de vues nouvelles chez lui, que de tentatives heureuses, dont l'avenir devait faire apparaître la justesse et la fécondité !

En dehors même du rôle qu'il tient dans l'histoire de la pensée transformiste, Buffon, à bien des égards, se montre un précurseur. Il est déjà un véritable biologiste. Dans sa vaste enquête sur les espèces animales, il recueille soigneusement toutes les données concernant la proportion sexuelle, le degré de fécondité, la durée de la gestation, l'âge où commence et finit l'aptitude à la reproduction, les possibilités de croisement, etc. Généticien avant la lettre, il comprend que seule l'expérimentation aura qualité pour éclairer la notion d'espèce, et il sait, à l'occasion, retirer ses manchettes de dentelles pour expérimenter lui-même sur l'animal.

Par son « Histoire de l'Homme », il donne la première « Anthropologie positive » ; en même temps, il souligne pertinemment l'intérêt de la physiologie comparée, qui nous épargne le double inconvénient d'attaquer le sujet le plus complexe et de raisonner sur lui « sans fondement de relations et sans le secours de l'analogie ». Frappé par la sauvage mêlée des vivants et aussi par la puissance multiplicatrice de la nature, qui, à tort et à travers, répand les germes par milliers « pour un qui réussit », il approche la conception darwinienne de la lutte pour la vie. Au lieu de s'extasier béatement sur les harmonies naturelles, il réagit contre un finalisme naïf, il dénonce avec insistance les erreurs, les ratages de la nature, et anticipe la thèse de Rabaud en affirmant que l'animal s'arrange comme il peut de son organisation.

Il crée pour ainsi dire de toutes pièces la géographie zoologique, c'est-à-dire « la science du globe par rapport à la distribution des animaux ». Situant la vie dans l'ensemble général du cosmos, il met en relief les interactions complexes de la nature organique – de la biosphère, dirions-nous aujourd'hui – et de la nature inorganique. Projetant d'éclairer l'une par l'autre les diverses disciplines, il ramasse en une puissante synthèse, non seulement les données de la biologie et celles de la géologie, mais encore celles de la physique et de l'astronomie. Géologue, il s'efforce d'expliquer l'état présent du globe par « des effets qui arrivent tous les jours », et, par là, il prépare la conception des « causes actuelles ». Il flaire l'importance de l'étude des fossiles, où il voit des restes d'« espèces perdues » ; il tâche, en considérant le présent de la terre, d'en ressusciter le passé et d'en prophétiser l'avenir. L'un des premiers, il a le sentiment du rôle immense qu'a pu jouer la durée dans la formation de toutes choses ; n'a-t-il pas la hardiesse de supposer que 74 382 années se sont écoulées depuis que le choc d'une planète détacha la terre du soleil ?

Jean Rostand,
Esquisse d'une histoire de la biologie,
Paris, Gallimard, 1945

Un agitateur d'idées

Le comte de Buffon n'a fondé aucune science. Il fut un agitateur d'idées, un philosophe. Son nom n'est attaché à aucune loi, aucune invention au sens classique du mot. Ses doctrines n'ont pourtant pas manqué de préparer les esprits à d'autres aventures intellectuelles.

Contre les classificateurs, il a posé les bases d'une définition physiologique et éthologique de l'espèce qui deviendra classique. En proposant la première échelle chronologique absolue des temps géologiques, il a brossé de grands tableaux d'une histoire de la nature qui dépassait de beaucoup les cadres traditionnels de l'histoire naturelle. Ses successeurs voudront y découvrir quelques prémices de la doctrine transformiste. Par ailleurs, son histoire scandée par des « espèces perdues » et des révolutions anticipait la paléontologie de Cuvier. Elle invitait à repenser les phénomènes de distribution des animaux. En outre, Buffon a également imaginé des « molécules organiques » dont l'idée sera reprise par les premiers théoriciens de la cytologie. Enfin, il a proposé aux anthropologues une énigme qui deviendra un programme de recherche scientifique au XIXe siècle : pourquoi le sauvage (actuel) a-t-il échoué à franchir le seuil de la civilisation ?

L'historien, remarquons-le, pourrait multiplier ces perspectives de plus longue durée où l'on a vu, à tort ou à raison, l'empreinte buffonienne. Le devenir d'une œuvre excède de beaucoup les intentions de son auteur. [...]

Buffon ignorait les frontières disciplinaires qui ont divisé, dès le début du XIXe siècle, le domaine des sciences de la Terre et du vivant. Et c'est sans doute l'un des motifs qui nous font revenir depuis deux siècles à l'*Histoire naturelle* : le plaisir illusoire d'une totalité du savoir, à l'heure des spécialités étroites.

Claude Blanckaert, « Le temps, grand ouvrier de la nature », in *Les Cahiers de Science et Vie*, série « Les pères fondateurs de la science », n° 23, oct. 1994, pp. 58-73

BIBLIOGRAPHIE

Œuvres de Buffon

– *De l'Homme*, présentation de Michèle Duchet, postface de Claude Blankaert, L'Harmattan, Paris, 1971, 2006.

– *Les Époques de la nature*, introduction et notes de Gabriel Gohau, Éditions rationalistes, Paris, 1971.

– *Les Époques de la nature*, édition critique avec le manuscrit, introduction et notes de Jacques Roger, Paris, éditions du Muséum national d'Histoire naturelle, 1962, rééd. 1988.

– *Histoire naturelle*, textes choisis et présentés par Jean Varloot, Gallimard, collection «Folio classique», Paris, 1984.

– *Les Oiseaux de Buffon et les planches enluminées de Martinet*, textes choisis et introduits par Stéphane Schmitt, avec la collaboration de Cédric Crémière, Citadelles et Mazenod, Paris, 2007 (contient les 1 008 planches de Martinet).

– *Œuvres*, préface de Michel Delon, choix des textes, introduction et notes par Stéphane Schmitt avec la collaboration de Cédric Crémière, Gallimard, «La Pléiade», Paris, 2007.

– *Œuvres philosophiques*, texte établi et présenté par Jean Piveteau suivi d'une *Bibliographie de Buffon* par E. Genet-Varcin et Jacques Roger, PUF, Paris, 1954.

– *Un autre Buffon*, textes choisis et commentés par Jacques-Louis Binet et Jacques Roger, Hermann, Paris, 1977.

Sur Buffon

– *Buffon 1788-1988*, Imprimerie nationale, Paris, 1988.

– « Buffon, du grand livre de la Nature à la Grande Galerie », *Les Cahiers de Science et Vie*, série « Les pères fondateurs de la science », n° 23, oct. 1994.

– Fellows,Otis E. et Milliken, Stephen F., *Buffon*, Twayne publishers, New York, 1972.

– Gaillard, Yann, *Buffon. Biographie imaginaire et réelle*, Hermann, Paris, 1977.

– Gascar, Pierre, *Buffon*, Paris, Gallimard, 1983.

– Gayon, Jean, dir., *Buffon 88, Actes du colloque international Paris-Montbard-Dijon*, Vrin, Paris, 1992.

– Hanks, Lesley, *Buffon avant l'Histoire naturelle*, Presses universitaires de France, Paris, 1966.

– Roger, Jacques, *Buffon. Un philosophe au Jardin du Roi*, Fayard, Paris, 1989.

– Rouger, Denise, dir., *Les Oiseaux de Buffon dans la bibliothèque de Louis Médard*, contributions de Paul-Marie Grinevald, Paul Isenmann et Yves Laissus, Bez et Esparon, Éditions Études et communication, 2006 (40 planches en couleurs).

Sur les sciences naturelles au XVIIIe siècle

– Jacob, François, *La Logique du vivant, une histoire de l'hérédité*, Gallimard, Paris, 1970.

– Mazliak, Paul, *La Biologie au siècle des Lumières*, Vuibert, ADAPT-SNES éditions, Paris, 2006.

– Roger, Jacques, *Les Sciences de la vie dans la pensée française du* XVIIIe *siècle*, Armand Colin, Paris, 1963, rééd., 1971.

– Rostand, Jean, *Esquisse d'une histoire de la biologie*, Gallimard, Paris, 1945, rééd. 1964.

– Taton, René, dir., *L'Enseignement et la diffusion des sciences en France au XVIIIe siècle*, Hermann, Paris, 1964, rééd., 1986.

– Tort, Patrick, *La Raison classificatoire*, Aubier, Paris, 1989.

Ressources internet

– http://www.buffon.cnrs.fr

Créé et édité par Pietro Corsi et Thierry Hocquet, ce site web permet notamment de consulter l'ensemble des textes de l'*Histoire naturelle*, la correspondance de Buffon ainsi que la *Bibliographie de Buffon* par Mme E. Genet-Varcin et Jacques Roger (PUF, Paris, 1954).

– http://gallica.bnf.fr

Textes et illustrations des volumes de *l'Histoire naturelle* conservés à la Bibliothèque nationale de France (consultables en mode image).

TABLE DES ILLUSTRATIONS

COUVERTURE

OUVERTURE

CHAPITRE 1

1760. Musée des Arts et Métiers-CNAM, Paris.
24 Portrait en pied de Louis XV, peinture de Louis-Michel Van Loo (1707-1771). Bibliothèque municipale, Versailles.
25h *Plan de l'ancien Jardin des plantes*, lavis de J. Barbeau, 1769. MNHN, bibliothèque centrale, Paris.
25b Avis de provision d'intendant du Jardin royal des Plantes pour Leclerc de Buffon du 26 juillet 1739, extrait des Décisions du Roi. Archives nationales, Paris.

CHAPITRE 2

26 Amphithéâtre du Jardin du Roi, gouache de Jean-Baptiste Hilaire, 1794. BnF, Paris.
27 Statue en bronze de Jean Carlus édifiée en 1888. MNHN, Paris.
28 Jardin du Roy pour la culture des plantes médicinales, gravure de Frédéric Scalberge, 1636. MNHN, bibliothèque centrale, Paris.
29 Botanistes réunis autour d'une table, détail d'une gravure *in* Denis Dodart, *Mémoire pour servir à l'histoire des plantes*, 1676. Bibliothèque municipale, Versailles.
30hg Portrait de Jacques-Bénigne Winslow, gravure, XVIIIe siècle. MNHN, bibliothèque centrale, Paris.
30hm Portrait d'Antoine Portal, gravure, début du XIXe siècle. *Idem.*
30hd Portrait d'Antoine-François de Fourcroy, peinture du baron Gérard, 1808. Châteaux de Versailles et de Trianon, Versailles.
31hg Portrait de Pierre Joseph Macquer, gravure, XVIIIe siècle. MNHN, bibliothèque centrale, Paris.
31hm Portrait de Louis Jean Marie Daubenton, pastel de Jean-Baptiste Perroneau, XVIIIe siècle. *Idem.*
31hd Portrait d'André Thouin, gravure, début du XIXe siècle. *Idem.*
31b Affiche annonçant un cours de botanique donné par Louis Guillaume le Monnier au Jardin du Roi, 1784. MNHN, laboratoire de phanérogamie, Paris.
32 Bocaux avec des animaux en alcool, planche d'après de Sève in l'*Histoire naturelle*, tome III, 1749. Musée Buffon, Montbard.
33 Louis Jean Marie Daubenton dans son laboratoire, peinture de Benjamin Eugène Fichel, 1873. Coll. part.
34-35 Cabinet de curiosités de Joseph Bonnier de la Mosson dans ses boiseries d'origine reconstitué au Muséum national d'Histoire naturelle.
36h *Bougainvillae spectabilis*, planche extraite de l'herbier de Commerson, 1767. MNHN, laboratoire de phanérogamie, Paris.
36b Vase siffleur Chimu rapporté lors de la mission de Joseph Dombey au Pérou. Musée du quai Branly, Paris.
37 Sonnerat dessinant d'après nature, frontispice *in* Pierre Sonnerat, *Voyage à la Nouvelle-Guinée*, 1776. Service historique de la marine, Paris.
38-39bg et **bd** Spécimen de poisson rapporté par Pierre Adanson. Laboratoire d'ichtyologie, MNHN, Paris.
38-39bm Liste de curiosités appartenant au garde-meuble de la Couronne et remises au Jardin du Roi le 15 février 1742. Archives nationales, Paris.
39 Cabinet du Jardin du Roi, planche d'après de Sève *in* l'*Histoire naturelle*, tome III, 1749. Musée Buffon, Montbard.
40 Plan du Jardin Royal des Plantes et de son agrandissement par Verniquet, 1783. MNHN, bibliothèque centrale, Paris
41 Vue du Jardin des Plantes, gravure, vers 1800. *Idem.*
42-43 Serres du Jardin du Roi, dessin de Jean-Baptiste Hilaire. BnF, Paris.
44-45 Le cèdre du Jardin du Roi, dessin de Jean-Baptiste Hilaire. *Idem.*
46h Armoiries de Buffon. Collection de l'association de Forges de Buffon.
46bg Buste de Buffon par Pajou, 1776. MNHN, bibliothèque centrale, Paris.
46bd Extrait du discours de Buffon lors de son entrée à l'Académie française, le 25 août 1753.
47 Portrait de la marquise de Pompadour, pastel de Maurice Quentin de La Tour (1704-1788). Musée du Louvre, Paris.
48h Portrait de Jean d'Alembert, pastel de Maurice Quentin de La Tour. *Idem.*
48b Extrait d'une lettre de Buffon à Jean d'Alembert, le 20 juin 1751. MNHN, bibliothèque centrale, Paris, Ms 2753.
49h Portrait de Denis Diderot, peinture de Louis-Michel Van Loo (1707-1771). Musée du Louvre, Paris.
49b Détail de la page de titre de l'*Encyclopédie* de Diderot et d'Alembert, tome I, 1751.
50-51h Lecture de la tragédie de « l'orphelin de la Chine » de Voltaire dans le salon de madame Geoffrin, peinture de Charles Gabriel Lemonnier, 1755. Châteaux de Malmaison et Bois-Préau.
51b Portrait de Suzanne Curchot de Nasse, épouse de Jacques Necker, peinture de Joseph Duplessis (1725-1802). Châteaux de Versailles et de Trianon, Versailles.

CHAPITRE 3

52 Soufflerie reconstituée du haut fourneau, forges de

CHAPITRE 4

TÉMOIGNAGES ET DOCUMENTS

INDEX

A

B

C

CRÉDITS PHOTOGRAPHIQUES

Archives départementales de la Côte d'Or, Dijon/Cl. musée de la sidérurgie en Bourgogne du Nord 54, 62. Archives Gallimard 22, 49b, 55, 84h, 88h. Archives nationales, Paris 25b, 38-39bm, 97. Bibliothèque municipale, Dijon 12g. Bibliothèque publique et universitaire, Genève 11, 14h, 14b. BnF, Paris 2e plat, 2, 3, 4, 23h, 26, 42-43, 44-45, 68, 72g, 76, 83, 84b, 89, 90-91h. The Bridgeman Art Library/Bonhams London/coll. part. 33. The Bridgeman Art Library/J. L. Charmet 1er plat h 7. The Bridgeman Art Library/J. L. Charmet/CNAM 63b. The Bridgeman Art Library/Christie's Images 77. The Bridgeman Art Library/Giraudon/Lauros/Musée de l'Ile-de-France, Sceaux 19h. La Collection/Gilles Mermet 27, 36h. Coll. Part. 67b, 94h, 95hg, 95hd. Éditions Gallimard/Catherine Helie 1er plat m, 1er plat b, 1, 5, 6, 9, 32, 39, 46bd, 63hd, 78, 80-81b, 81h, 82h, 86-87b, 87h, 88b, 91b, 92hg, 92hd, 92bg, 92bd, 93hg, 93bg, 93bd, 107, 120. Etnografisk Samling Nationalmuseet, Copenhague 85. Kharbine- Tapabor/coll. Perrin 95bd. Leemage/Selva 56h, 61b, 66, 70h. MNHN/bibliothèque centrale, Paris 1er plat m, 3 fonds, 4 fonds, 7 fonds, 12d, 20b, 21hg, 21hd, 21b, 25h, 28, 30hg, 30hm, 31hg, 31hm, 31hd, 40, 41, 46bg, 48b, 60, 71, 72d, 82b, 86h. MNHN/collection d'ichtyologie/Mélyne Hautecœur 38bg, 39bd. MNHN/Bernard Faye 96. MNHN/Patrick Lafaite 31b. Musée Buffon, Montbard/Christophe Gilles 13, 74h, 74b, 75. Musée de la sidérurgie en Bourgogne du Nord 16, 18b, 46h, 52, 56b, 58hd, 61h, 64, 65, 67h, 69. Musée des arts et métiers-CNAM, Paris 23b. Musée national de la Marine, Paris 18-19b. Gilbert Nencioli 58-59m. Photos12.com/ARJ 73. The Picture Desk/Dagli Orti/Galerie Sabauda 15. The Picture Desk/Dagli Orti/Service historique de la Marine 37. RMN 24, 51b. RMN/Daniel Arnaudet 50-51h. RMN/Michèle Bellot dos, 10. RMN/Jean-Gilles Berizzi 48h. RMN/Gérard Blot 30hd, 47. RMN/Bulloz 58hm. RMN/René-Gabriel Ojéda 49h, 57, 59d, 79. Roger-Viollet 17, 58hg. Scala/musée du quai Branly/photo Patrick Gries/Valérie Torre 36b. Jean Vigne 29, 53, 93hd. Ville de Montbard 94b. Agence Vu/Pierre Olivier Deschamps 34-35.

REMERCIEMENTS

L'auteur et l'éditeur remercient Ismaël Gutierrez, chargé de mission auprès de la mairie de Montbard pour le tricentenaire de la naissance de Buffon, Jacques Hiver, François Nédellec, conservateur du Musée-site Buffon, à Montbard, Bernard Rignault et, au Muséum national d'Histoire naturelle, Madame Roussel Versini, responsable des Éditions, ainsi que Madame Van de Ponselle, responsable de la photothèque de la Bibliothèque centrale.

ÉDITION ET FABRICATION

DÉCOUVERTES GALLIMARD
COLLECTION CONÇUE PAR Pierre Marchand.
DIRECTION Elisabeth de Farcy.
COORDINATION ÉDITORIALE Anne Lemaire.
GRAPHISME Alain Gouessant.
COORDINATION ICONOGRAPHIQUE Isabelle de Latour.
SUIVI DE PRODUCTION Fabienne Brifault.
SUIVI DE PARTENARIAT Madeleine Giai-Levra.
RESPONSABLE COMMUNICATION ET PRESSE Valérie Tolstoï.
PRESSE David Ducreux et Alain Deroudilhe.

BUFFON. LA NATURE EN MAJESTÉ
ÉDITION Laurent Lempereur.
ICONOGRAPHIE Any-Claude Médioni.
MAQUETTE Pascale Comte.
LECTURE-CORRECTION Jean-Paul Harris et Marie-Paule Jaffrenou.
PHOTOGRAVURE Nouveau Cap.

Yves Laissus, archiviste-paléographe, inspecteur général honoraire des bibliothèques, a dirigé pendant treize ans la bibliothèque centrale du Muséum national d'Histoire naturelle. Membre du Comité national français d'histoire et de philosophie des sciences, ancien président de la section d'histoire des sciences et des techniques du Comité des travaux historiques et scientifiques. Il est l'auteur de plus de cent soixante-dix articles et ouvrages dont *Les Animaux du Muséum*, en collaboration avec Jean-Jacques Petter (Imprimerie nationale, 1993) et *Le Muséum national d'Histoire naturelle* (Découvertes Gallimard, 1995).

À la mémoire de Jacques Roger

Dépôt légal : février 2007
Numéro d'édition : 47824
ISBN : 978-2-07-034317-1
Imprimé en France par Kapp